GARY WHITE UND MATT DAMON

DER WERT DES WASSERS

GOLDMANN

GARY WHITE UND MATT DAMON

DER WERT DES WASSERS

Unser gemeinsamer Kampf gegen das drängendste Entwicklungsproblem der Welt

Ins Deutsche übertragen von
Kristin Lohmann und Dorothea Traupe

GOLDMANN

Die US-amerikanische Originalausgabe erschien 2022
unter dem Titel »The Worth of Water« bei Portfolio / Penguin.

1. Auflage
Deutsche Erstausgabe September 2022

Umschlaggestaltung: UNO Werbeagentur München,
nach einem Entwurf von Brian Lemus
Umschlagmotiv: Erin Patrice O'Brien (Foto von Gary White), Sam Jones (Foto von Matt Damon)
Bildnachweis (Innenteil): Todd Williamson für Water.org: S. 1 (o.), S. 6 (M., u.); von Water.org zur Verfügung gestellt: S. 1 (u.), S. 2, S. 3 (u.), S. 5 (u.), S. 6 (o.), S. 7 (u.), S. 8; J. Tayloe Emery (mit freundlicher Genehmigung von DATA): S. 3 (o.); J. Taylor Davidson (mit freundlicher Genehmigung der Clinton Global Initiative): S. 4 (M.); Juliana Thomas (mit freundlicher Genehmigung der Clinton Global Initiative): S. 4 (o.); Praveen Sundaram für Water.org: S. 5 (o.); Jakob Polacsek für World Economic Forum: S. 7 (M.); Simone D. McCourtie für World Bank Group: S. 7 (o.)
Redaktion: René Stein
Satz: Uhl + Massopust, Aalen
Druck und Bindung: CPI books GmbH, Leck
Printed in the EU
EB · CF
ISBN 978-3-442-31682-3

www.goldmann-verlag.de

*Dieses Buch ist all den resilienten, einfallsreichen,
inspirierenden Menschen gewidmet,
denen wir uns verpflichtet fühlen.*

*Mit einer Investition in sicheres Wasser
und in die vielen Chancen, die es mit sich bringt,
schlagen Sie einen völlig neuen Kurs ein –
nicht nur für sich selbst und Ihre Familie,
sondern für die gesamte Menschheit.*

»Wenn der Brunnen trocken ist,
kennen wir den Wert des Wassers.«

Benjamin Franklin

INHALT

1

DIE »WASSERKRISE« – WAS IST DAS EIGENTLICH?

Matt Damon

Bisher habe ich Geschichten fast immer auf der Leinwand erzählt, nicht auf Papier. Als ich mir Gedanken darüber machte, wie ich dieses Buch beginnen soll, habe ich mir deshalb auch gleich vorgestellt, wie ich einen Film über das Thema angehen würde. In der ersten Einstellung wäre eine Hütte im ländlichen Sambia zu sehen, die ich 2006 besucht habe. Ich sehe alles noch genau vor mir, die Wände aus Lehmziegeln, den Lehmboden, das strohgedeckte Dach. Normalerweise ist die Erde hier staubtrocken, aber jetzt im April, am Ende der Regenzeit, ist der Boden zumindest teilweise mit einem kargen grünen Teppich bedeckt. Ich sitze vor der Hütte und warte darauf, dass ein Mädchen im Teenageralter von der Schule nach Hause kommt.

In Sambia war ich, weil Bono – ja, genau, der Rockstar, der in seiner Freizeit weltweit extreme Armut bekämpft –, weil also Bono mir so lange damit auf die Nerven gegangen war, bis ich endlich zugesagt hatte. »Auf die Nerven gehen«, das hat übrigens Bono so formuliert, nicht ich. Er hat sich die Phrase wie ein Ehrenabzeichen ans Revers geheftet. Weil er stolz darauf ist, Leuten – in erster Linie Politikern, aber nicht nur – so lange auf den Keks zu gehen, bis sie Dinge tun, die sie sonst nicht tun würden. Das kann er richtig gut. Bono ist nämlich überzeugt, dass Menschen ihre Prioritäten nur dann ändern und aktiv werden, wenn sie Armut aus nächster Nähe erleben. Deshalb hatten er und seine Kollegen von DATA – das ist die von ihm gegründete Organisation, aus der später die ONE-Kampagne hervorging – mich auch dazu gedrängt, sie auf eine Reise nach Afrika zu begleiten. Bono hatte die Entschlossenheit eines Versicherungsvertreters an den Tag gelegt. Es war klar, dass er kein Nein akzeptieren würde.

Eigentlich wollte ich ja auch gar nicht Nein sagen. Ich hatte nur gerade unheimlich viel um die Ohren. Meine Frau würde zum Zeitpunkt der Reise im siebten Monat schwanger sein, und das Zeitfenster bis zu meinem nächsten Film war auch ziemlich eng bemessen. Schlechter Zeitpunkt, leider, meinte ich zu Bono. Er sah mich an und sagte: »Es ist nie der richtige Zeitpunkt.« Womit er natürlich völlig recht hatte.

Ich hatte keine großen Erwartungen, was den Sinn und Zweck der Reise anging. Ich würde ja keine Leben verändern. Bono sagt gerne, es gäbe nichts Schlimmeres als einen Rockstar, der sich für etwas starkmacht. Ich würde sagen, ein Schauspieler, der sich für etwas starkmacht, kommt gleich danach. Die Vorstellung, wie ich mit betroffenem Gesicht durch den Busch latsche oder durch irgendeinen städtischen Slum und danach in mein bequemes Leben zurückfliege, bereitete mir Magenschmerzen. Nur war das eigentlich eine noch dümmere Ausrede als »zu viel zu tun«. Und je mehr ich über die Reise nachdachte, desto klarer wurde mir, dass ich dabei sein wollte, dass ich persönlich Menschen treffen wollte, die in diesen extrem armen Gegenden leben, damit ich mir selbst ein Bild machen konnte, womit sie Tag für Tag zu kämpfen haben. Und um herauszufinden, ob es nicht doch etwas gab, das ich tun könnte. Also sagte ich Bono, ich würde ihn begleiten, und mein älterer Bruder Kyle sagte ebenfalls zu.

Wir waren etwa zwei Wochen unterwegs. Die Reise führte uns in Slums und ländliche Dörfer in Südafrika und Sambia. DATA hatte die Reise wie ein Kurzseminar am College organisiert. Jeden Tag erfuhren wir etwas über einen anderen Aspekt, der die Menschen daran hindert, den Teufelskreis der Armut zu durchbrechen: das unterfinanzierte Gesundheitssystem, die Herausforderungen des täglichen Lebens im Slum, die HIV-/AIDS-Krise. Zu jedem Thema bekamen wir eine Infomappe und besuchten Organisationen, die sich mit potenziellen Lösungen befassten, und vor allem sprachen wir mit den Menschen selbst.

An einem unserer letzten Tage in Sambia sollte es um das Thema Wasser gehen. Mir war nicht wirklich klar, warum eigentlich. Über Themen wie HIV, AIDS oder Bildung liest man in der Zeitung, darüber wird gesprochen, die Leute unterzeichnen Petitionen oder spenden Geld – aber als es jetzt hieß, wir würden uns mit der »Wasserkrise« beschäftigen, fragte ich mich, worin eigentlich die Problematik bestand. Wahrscheinlich war das Wasser verseucht, nahm ich an.

Dann las ich mir die Infomappe durch. Ja, das Wasser war verseucht, hieß es darin – und zwar so sehr, dass alle zwanzig Sekunden ein Kind an einer Krankheit starb, verursacht durch dieses verseuchte Wasser.[1] Wasser ist aber auch schwer zugänglich. Die Dörfer haben keine Wasserleitungen und die Häuser keine Wasseranschlüsse. Also muss jemand losgehen, um Wasser zu holen, und dieser Jemand ist so gut wie immer ein Mädchen oder eine Frau. Sie müssen so lange gehen, bis sie an eine wie auch immer geartete Wasserquelle kommen, dort ihren Plastikkanister auffüllen – einen Zwanzig-Liter-Kanister, der folglich zwanzig Kilogramm wiegt[2] –, umdrehen und das Wasser zurück nach Hause tragen: Das ist ihre Hauptaufgabe. Und wenn sie am nächsten Tag aufwachen, geht alles von vorne los.

Um uns selbst ein Bild zu machen fuhren wir in ein Dorf, das vier Stunden von Sambias Hauptstadt Lusaka entfernt liegt und in dem mit der Unterstützung eines Partnerunternehmens von DATA ein Brunnen gebaut worden war. Dessen Mitarbeiter hatten Kontakt zu einer Familie, die in der Nähe der Straße wohnte. Jeden Tag nach der Schule lief die vierzehnjährige Tochter Wema[3] zum Brunnen und holte Wasser für die Familie. Wema hatte sich einverstanden erklärt, dass wir sie begleiteten, aber als wir bei ihrer Hütte ankamen, war niemand da. Alles war wie ausgestorben, nicht nur die Hütte, sondern die ganze Umgebung. Einen Ortskern gab es nicht, die Hütten standen lose verstreut in der Gegend. Alles war ruhig, ganz still, wir saßen einfach da und warteten.

Irgendwann sahen wir Wema den Pfad entlang auf uns zu kommen. Sie hatte Bücher dabei und trug ein einfaches blaues

Kleid, das wie eine Schuluniform aussah. Schüchtern grüßte sie uns, legte ihre Bücher ab und holte den Wasserkanister ihrer Familie.

Gemeinsam machten wir uns auf den Weg zum Brunnen. Anfangs verlief das Gespräch noch schleppend und unbeholfen. Kein Wunder – Wema, die den Weg normalerweise Tag für Tag alleine zurücklegte, hatte plötzlich eine Entourage von Reisekoordinatoren, Vertretern ihres Dorfes und dann auch noch einen hyperaktiven Filmschauspieler im Schlepptau. Dazu kam, dass wir keine gemeinsame Sprache hatten und deshalb auf einen Dolmetscher angewiesen waren. Nach einer Weile ließen sich die anderen ein Stück zurückfallen, um uns etwas Raum zu verschaffen. Wema antwortete erst ziemlich knapp auf meine Fragen, aber irgendwann entspannten wir uns, und ab dann fühlte sich selbst das Schweigen zwischen uns natürlicher an. Ein ganz normaler friedlicher Spaziergang entlang einer Landstraße.

Nach ungefähr einer halben Stunde erreichten wir den Brunnen. Jemand schlug vor, *ich* könne ja mal versuchen, das Wasser hochzupumpen. An sich hielt ich mich für gut in Form, weil wir gerade die Dreharbeiten zu einem weiteren Film der *Jason-Bourne-Reihe* abgeschlossen hatten. Aber dann stellte sich die Sache als schwieriger heraus, als ich angenommen hatte. Wema und ich mussten beide lachen, weil ich mich so abrackerte. Sie dagegen ging so geübt mit der Pumpe um und hievte sich den schweren gelben Kanister so behände auf den Kopf, wo sie ihn einhändig balancierte, dass ich nur voller Bewunderung staunen konnte. Bis einem dann wieder einfiel (für den Fall, dass man das kurz vergessen hatte), dass das hier Arbeit für sie war: eine lebensnotwendige, essenzielle Aufgabe.

Auf dem Rückweg fing es an zu regnen. Niemand verlor ein

Wort darüber, wir gingen einfach weiter. Es hat etwas, sich dem Regen einfach hinzugeben und zu akzeptieren, dass man völlig durchnässt wird, es macht einen irgendwie locker. Auch unsere Unterhaltung entspannte sich weiter. Ich fragte Wema, ob sie später als Erwachsene auch noch in ihrem Dorf leben wollte. Sie lächelte mich an, immer noch ein bisschen schüchtern – als würde sie abwägen, ob sie mir antworten sollte oder nicht. Nach einer Weile rang sie sich zu einer Antwort durch: »Ich will nach Lusaka gehen und Krankenschwester werden.«

Ich hatte das Gefühl, dass sie ihre Pläne normalerweise eher für sich behielt. Ob ihre Eltern überhaupt davon wussten und ob sie vielleicht deshalb gezögert hatte – weil ich es ihnen erzählen könnte? Das war ja keine Kleinigkeit – den Ort zu verlassen, der ihr von Geburt an vertraut war, auf eigene Faust loszuziehen und allen zu zeigen, dass sie etwas aus ihrem Leben machen wollte. Das berührte mich sehr. Ich weiß schon, es ist ein Klischee: Du triffst eine Person am anderen Ende der Welt, deren Leben sich komplett von deinem eigenen unterscheidet, und siehst dich plötzlich selbst in ihr – aber genau so war es. Wema erinnerte mich an dieses Gefühl der Rastlosigkeit, an den Drang, sich auf den Weg zu machen und an einem neuen Ort etwas völlig Neues anzufangen. Ich wusste noch genau, wie es sich anfühlte, wenn man als Teenager einen Traum hatte. Ich jobbte damals jahrelang jeden Sommer und zahlte das Geld auf ein gemeinsames Konto ein, das ich zusammen mit Ben Affleck eröffnet hatte, weil wir beide unbedingt nach New York wollten, um Schauspieler zu werden. Klar war es nicht dasselbe, aber irgendwie doch ähnlich genug, um eine Verbindung zwischen uns zu schaffen.

Für mich stand außer Frage, dass Wema ihren Plan durchziehen würde. Das strahlte sie einfach aus; sie hatte so selbstbewusst davon erzählt, dass ich mir sofort vorstellen konnte, wie sie eines Tages all ihren Mut zusammennahm und ihren Eltern erzählte, dass sie nach Lusaka gehen und dort ihren Traum verwirklichen würde. Vielleicht wären ihre Eltern wütend oder traurig darüber, dass sie sie verlieren würden; vielleicht wären sie aber auch stolz darauf, dass sie so groß dachte. Vielleicht auch alles zusammen. Jedenfalls würde sie eine Ausbildung machen, sie würde arbeiten und ihr Ziel erreichen. Mehr als fünfzehn Jahre später bin ich immer noch überzeugt, dass sie es geschafft hat. Dass sie nicht noch immer mit dem Kanister auf dem Kopf die Straße entlanggeht. Ich hoffe, ich habe recht.

Der Hauptgrund für meinen Optimismus – und übrigens auch der einzige – ist, dass Wema zur Schule gehen konnte. Bis zum Brunnen war es zwar immerhin eine halbe Stunde, aber bei einer Stunde Wasserholen pro Tag blieb ihr immer noch genug Zeit, um zur Schule zu gehen und vor Sonnenuntergang die Hausaufgaben zu erledigen – was sein musste, weil es in ihrem Dorf keinen Strom gab und sie deshalb nach Einbruch der Dunkelheit nicht mehr lesen konnte. DATA hatte damals Wema ausgewählt, weil ihre Geschichte – relativ gesehen – eine Erfolgsgeschichte war: ein Mädchen, das das Glück hatte, Wasser aus einem relativ nah gelegenen Brunnen holen zu können, sodass sie den größten Teil des Tages mit Lernen verbringen konnte. Millionen andere Mädchen haben nicht so viel Glück. Sie brauchen nicht eine Stunde zum Wasserholen, sondern drei oder vier oder sechs. Wasser zu holen ist ihre Hauptbeschäftigung. Die Notwendigkeit dieser Aufgabe hält sie davon ab, zur Schule zu gehen oder auf dem Feld zu arbeiten, um Geld für ihre Familien zu verdienen oder etwas herzustellen, das sich auf dem

Markt verkaufen lässt. In manchen Regionen Indiens ist das Wasser so knapp, dass sich manche Männer »Wasserfrauen« nehmen – Zweit- oder Drittfrauen, die tagein, tagaus nichts anderes tun, als Wasser für ihre Familien heranzuschleppen.[4]

Immer wieder fiel mir dieses alte Sprichwort ein: Wasser ist Leben. Wie viele Stunden Lebenszeit hatte dieses vierzehnjährige Mädchen wohl schon sinnvoll nutzen können, nur weil jemand auf die Idee gekommen war, zwei Kilometer von ihrem Zuhause entfernt einen Brunnen zu bauen – und nicht etwa fünf oder zehn Kilometer? Allein diese Entscheidung erlaubte es ihr, die Zeit auch mit anderen Dingen zu verbringen als nur mit dem Weg zum Brunnen und zurück. Nur deshalb konnte sie einen Traum verfolgen, der sich so groß und kühn anfühlte, dass sie ihn kaum auszusprechen wagte. Für Wema war Wasser nicht nur Leben – es war zugleich die Chance auf ein besseres Leben.

An dieser Stelle sollte ich wahrscheinlich eine kurze Pause einlegen, weil Sie vermutlich gerade das große Kotzen kriegen angesichts meiner Promi-geht-nach-Afrika-und-rettet-die-Welt-Geschichte. Das geht mir übrigens nicht anders. Ja, dieser Promi bin ich wohl. Aber ich bin auch der Sohn meiner Mutter.

Als ich klein war, arbeitete meine Mutter Nancy Carlsson-Paige, die heute in den Siebzigern ist, als Professorin für Bildung und Erziehung in der Kindheit. Sie lehrte damals an der Lesley University in Cambridge, Massachusetts. Seit ich neun Jahre alt war, lebte ich zusammen mit ihr und meinem Bruder in einem Sechs-Familien-Gemeinschaftshaus in der Nähe des

Campus. Kennen Sie das, wenn jemand über die linksliberale Einstellung der akademischen Welt lästert und dazu das völlig überzogene Bild einer Hippie-Kommune an die Wand malt, in der es nichts als Bücher gibt? Genau in so was bin ich aufgewachsen. Kein Witz, einer meiner Babysitter war Howard Zinn, ein sehr bekannter Professor der Boston University. Er schrieb *Eine Geschichte des amerikanischen Volkes* und war einer der führenden Köpfe der Bewegung, die sich dafür starkmachte, dass Geschichte aus der Perspektive der Unterdrückten gelehrt wird, nicht aus der der Unterdrücker. Wenn mich heute jemand als Hollywood-Linken bezeichnet, würde ein Teil von mir am liebsten direkt Contra geben – und ein anderer Teil würde eigentlich gerne erwidern: »Wenn schon links, dann aber wohl eher Cambridge als Hollywood.«

Zu den großen Themen, über die während meiner Teenagerzeit in den 1980er-Jahren in Cambridge gesprochen wurde (nicht da, wo Ben und ich am Central Square abhingen, aber auf jeden Fall bei mir zu Hause am Esstisch), gehörten auch die Unruhen im mittelamerikanischen Raum. Die Wurzeln dieser Krise reichen bis in die 1950er-Jahre zurück, als die Eisenhower-Regierung die CIA anwies, den Sturz des demokratisch gewählten Präsidenten von Guatemala zu unterstützen – in der Annahme, dadurch die Ausweitung des Kommunismus in unsere Breiten stoppen zu können. Dabei war der guatemaltekische Präsident nicht mal Kommunist, sondern nur ein linker Sozialreformer, aber allein die Befürchtung, er könne insgeheim doch einer sein oder eines Tages einer werden, reichte den USA aus, um einen Militärputsch zu unterstützen. Zweihunderttausend Menschen starben in dem darauffolgenden Bürgerkrieg.[5] In den 1970er- und 1980er-Jahren stürzten dann linke Bewegungen in der Region – in Nicaragua die Sandinisten und in El Salvador die FMLN –, die bis dato in ihren Ländern herrschenden Diktatoren beziehungsweise Militärjunten. Die USA stellten sich hinter die Diktatoren und sorgten durch entsprechende Ausbildung und Finanzierung dafür, dass sie lange und blutige Bürgerkriege führen konnten. Es kam zu schrecklichen Menschenrechtsverletzungen auf beiden Seiten, denen ich angesichts des Ausmaßes all der tragischen Geschehnisse nicht ansatzweise gerecht werden kann in diesem Buch – zumal mir klar ist, dass manche Leute einem Typen, der seinen ersten Geschichtsunterricht von Howard Zinn bekommen hat, bei dem Thema sowieso nicht über den Weg trauen würden.

Jedenfalls war Cambridge in meiner Jugend ein Sammelbecken des Widerstands gegen die Außenpolitik der US-Regierung. In Kirchen wurden Gedenkfeiern für die Opfer politischer Unterdrückung abgehalten, und auf der Straße traf man immer wieder auf Freiwillige aus den Gemeinden, die mit Fotos von Kriegsopfern von Tür zu Tür gingen und Geld sammelten. Ich kann mich an riesige Protestkundgebungen im Boston-Common-Park erinnern, darunter auch eine, bei der fünfhundert Leute das JFK Federal Building besetzten. Meine Mom nahm an all diesen Protesten teil und wurde einmal sogar verhaftet. Die Demonstrationen bewirkten zwar keine Kehrtwende in der US-Politik, aber etwas bewegten sie doch. Unser Gouverneur zum Beispiel widersetzte sich der Reagan-Regierung, indem er sich weigerte, die Nationalgarde von Massachusetts zu Militärübungen nach Mittelamerika zu schicken. Und Cambridge erklärte sich zum Zufluchtsort für Menschen, die aus Krisengebieten geflüchtet waren, und wählte ein durch die Gewaltexzesse verwüstetes salvadorianisches Dorf zur Partnergemeinde, in die wir dann medizinische und andere Hilfsgüter schickten.[6]

Etwa zu der Zeit begann meine Mom, Spanisch zu lernen und nach Mittelamerika zu reisen, wann immer sie konnte. Sie flog nach Guatemala, El Salvador und Honduras. In erster Linie wollte sie sich ein besseres Bild von den Geschehnissen vor Ort machen und dann zu Hause von den neuesten Entwicklungen berichten, um so die Argumente gegen weitere Interventionen der USA zu untermauern. Außerdem glaubten viele der Aktivistinnen und Aktivisten damals, dass die US-Regierung keine Invasion riskieren würde, wenn amerikanische Bürgerinnen und Bürger vor Ort wären, um deren Leben nicht zu gefährden.

Auf drei der harmloseren Reisen nahm sie mich mit. Erst wohnten wir bei einheimischen Familien und nahmen an Sprachkursen teil, den Rest der Zeit tourten wir dann mit Rucksack quer durchs Land und waren in Bussen voller Hühner unterwegs. In dem Sommer, als wir nach Guatemala fuhren, wurde in den Bergen immer noch gekämpft. Einmal fuhr ein Lastwagen mit einer Gruppe von Kindern auf der Ladefläche an mir vorbei. Mit Tarnfarbe im Gesicht und Gewehr in der Hand waren sie auf dem Weg in die Berge. Ich war damals siebzehn; dem Aussehen nach waren sie vielleicht so alt wie ich oder sogar noch jünger. Ich werde nie den leeren Ausdruck eines Jungen vergessen, mit dem ich kurz Blickkontakt hatte. Dieser Junge hatte Dinge gesehen, von denen ich keine Ahnung hatte und auch nie haben würde.

Im nächsten Sommer – das war 1989, ich hatte gerade mein erstes Collegejahr hinter mir – meinte meine Mom: »Matt, ich habe mich bisher ziemlich eingeschränkt mit meinen Reisen, weil du und Kyle eine Mutter gebraucht habt. Aber jetzt seid ihr groß – ich werde das nicht mehr tun.« Von da an fuhr sie auch in gefährlichere Gebiete – Cambridges Partnerstadt in El Salvador eingeschlossen. Der Ort stand damals unter Verdacht, Guerilla-Kämpfern Zuflucht zu bieten. Während ihres Aufenthalts besetzte die salvadorianische Armee den Ort, feuerte in die Luft und urinierte in den Gemeindebrunnen, um das Wasser zu verseuchen. Zum Glück blieb meine Mom unversehrt. Und als sie nach Hause kam, war sie nur umso entschlossener, sich zu engagieren und herauszufinden, was in der Welt vor sich ging und wie sie aktiv noch mehr im Kampf gegen Ungerechtigkeit tun konnte.

Bei all dem war ihre Sichtweise ziemlich komplex. So entschlossen sie war, etwas zu bewegen, so skeptisch war sie allen Menschen, Regierungen und Hilfsorganisationen gegenüber – und ich meine wirklich *allen* –, die im Namen der Wohltätigkeit in Krisengebiete »einfielen«. Ich weiß noch, wie sie mir einmal erklärte, dass jede Intervention, und wenn sie noch so gut gemeint ist, immer Gefahr läuft, etwas Herablassendes zu haben oder sogar einen unbewussten Rassismus widerzuspiegeln – nämlich durch die Annahme, Schwarze und People of Colour seien nicht in der Lage, für sich selbst zu sorgen. Sie fand die Arroganz der Entwicklungshelfer unerträglich, die meinten, sie hätten die Weisheit mit Löffeln gefressen und die Not leidenden Menschen würden nur darauf warten, in den Genuss ihres Wissens und ihrer Wohltätigkeit zu kommen (im Ernst: Sprechen Sie sie besser nicht darauf an).

Dieser kritischen Überprüfung unterzog sie sich auch selbst. Es genügte ihr nicht, das Herz am rechten Fleck zu haben. Auf ihren Reisen hatte sie am eigenen Leib erfahren, wie schwierig es war, die komplexen Lebensumstände eines Landes, in dem man nie selbst gelebt hatte, wirklich zu erfassen, die Gegebenheiten zu begreifen, die so anders waren als alles, was man bisher kennengelernt hatte, und die Folgen der von außen eingebrachten Aktivitäten abzuschätzen. Es gibt ja dieses relativ bekannte überspitzte Bild des liberalen Kreuzritters. Aber meine Mom war auf keinem Kreuzzug. Sie rang permanent – mit sich selbst und all ihren Bedenken. Sie bemühte sich nach Kräften, nicht in die Fallen zu tappen, die sie überall um sich herum wahrnahm. Und sie versuchte immer, bescheiden zu sein statt anmaßend – und sich nicht einzubilden, auch nicht insgeheim, sie wüsste besser über die Lebensumstände dieser Salvadorianer oder Mexikaner oder Guatemalteken Bescheid als diese selbst. Und dann, ausgestattet mit neuer Selbsterkenntnis, stieg sie ins nächste Flugzeug, um herauszufinden, wo sie als Nächstes etwas bewegen könnte.

Zwischen den Gesprächen mit meiner Mutter und dem Zeitpunkt, zu dem ich ihre Erkenntnisse schließlich auf mein eigenes Leben anwandte, vergingen Jahre. Jahre, in denen ich aus einem Seesack lebte und zwischen diversen Sofas bei Freunden und irgendwelchen Schauspielerjobs hin- und herpendelte. Um ehrlich zu sein, rückte die Auseinandersetzung mit der Welt für mich in dieser Zeit völlig in den Hintergrund; größere und bessere Rollen zu bekommen, mir ein geregeltes Arbeitsleben aufzubauen, das war alles, was damals zählte. Und als das geschafft war, musste ich alle Energie darauf aufwenden, dass es auch so blieb. Dann gründeten Lucy und ich eine Familie, und so vergaß ich den Gedanken daran irgendwann ganz. Und bevor ich mich versah, schrieben wir das Jahr 2006; Bono klopfte an und begann, mir damit auf die Nerven zu gehen, ich solle mich engagieren. Er hatte damals längst bewiesen, dass man sich durchaus für andere einsetzen und trotzdem sein eigenes Leben weiterführen kann. In all den Jahren, in denen er sich im Kampf gegen Armut engagierte, hatten U2 eine ganze Reihe Platten aufgenommen, und er hatte weder seinen Alltagsjob aufgegeben noch seine Frau Ali oder seine vier Kinder vernachlässigt.

Und auch dass die Leute jedes Mal die Augen verdrehen, wenn er als Rockstar über die Armut auf der Welt spricht, oder ihn als Heuchler oder Dilettanten oder fotogenen Philanthropen bezeichnen, hat ihn nicht davon abgehalten, sich auch weiterhin zu engagieren. Denn solche Sprüche kommen nach wie vor, und zwar bis heute – das gehört vermutlich dazu. Aber Bono ist der Meinung, dass man über ein bisschen Augenrollen oder den einen oder anderen fiesen Kommentar in den sozialen Medien locker hinwegsehen kann – vor allem, wenn man sich die Alternative klarmacht: nämlich gar nichts zu tun oder nur hin und wieder einen Scheck auszustellen. Verstehen Sie mich nicht falsch: Ich finde es total wichtig, für wohltätige Zwecke zu spenden. Wer wie ich im Leben Glück hatte, der sollte auch einen bestimmten Anteil seines Glücks weitergeben. Davon war ich schon immer überzeugt. Und trotzdem beschlich mich damals das Gefühl, ich könnte mehr tun, als nur zu spenden. Was genau das sein könnte, galt es herauszufinden – und die Reise mit Bono im Jahr 2006 war mein erster echter Schritt auf dem Weg dorthin.

Dass ich mich auf das Thema Wasser konzentrieren würde, war keineswegs von Anfang an klar. Die Afrikareise war wie im Flug an mir vorbeigerauscht. DATA hatte mich innerhalb kürzester Zeit mit so vielen Informationen überschüttet, dass ich gar nicht mehr klarsehen konnte. Ich musste erst einmal alles in Ruhe einordnen und würde dann entscheiden, in welchem Bereich ich mich engagieren wollte.

Intuitiv sprang mir zuerst die AIDS-Krise ins Auge, die allem Anschein nach für das größte Leid überhaupt verantwortlich war. Um tiefer in das Thema einzusteigen, hatten wir zu Beginn der Reise einen Tag in Soweto verbracht, dem größten Township Südafrikas. Dort hatten wir zwei Jungen getroffen – einer etwa zwölf, der andere vielleicht sieben Jahre alt –, deren Eltern beide an AIDS gestorben waren. Die Jungs lebten alleine, völlig auf sich allein gestellt. Der Ältere erzählte mir, wie er jetzt seinem kleinen Bruder gegenüber beide Rollen, die des Vaters und die der Mutter, erfüllen musste. Mir fiel auf, wie picobello ihr Zimmer aussah. Dabei gab es niemanden, der für sie putzte oder sie anhielt, selbst sauber zu machen. Sie machten das von ganz alleine.

»Wie wird es mit den beiden weitergehen?«, fragte ich, als wir wieder draußen waren. »Was für ein Leben erwartet sie?« Unsere Guides erklärten ganz sachlich, dass sich die beiden sehr wahrscheinlich einer Gang anschließen würden. Die Gangs in Soweto hätten eine Menge Tricks auf Lager, um Jungs an sich zu binden, die keine Perspektive hatten und Geld brauchten. Und meistens hätten sie Erfolg damit.

Die ganze restliche Reise über dachte ich immer wieder an diese Begegnung zurück. Ich wollte unbedingt etwas zur Bekämpfung der AIDS-Krise beitragen, und es fehlte auch nicht an Möglichkeiten – AIDS war einer der Schwerpunkte von DATA. Doch je mehr ich darüber erfuhr, desto mehr gelangte ich zu der Überzeugung, dass diese Krise mich nicht brauchte. Dank Aktivisten auf der ganzen Welt und Prominenten wie

Bono und Bill Gates oder den ehemaligen US-Präsidenten Bill Clinton und George W. Bush hatten sich viele Staaten, wenn auch reichlich spät, endlich dazu aufgerafft, die Ausbreitung von AIDS zu stoppen. Natürlich brauchte es auch hier immer noch viel mehr Mittel und Unterstützung. Aber auch andere Probleme verursachten eine Menge Leid – und bekamen nur einen Bruchteil der Aufmerksamkeit.

Bildung zum Beispiel. Dazu hatte ich durch meine Biografie einen direkten persönlichen Bezug, außerdem ist der Wert von Bildung leicht vermittelbar, weil so viele Menschen, unabhängig von ihrem Background, das Thema aus eigener Erfahrung kennen. Aber auch hier gab es schon jede Menge engagierte Leute. Als Nächstes dachte ich, ich sollte vielleicht dem Beispiel meiner Mutter folgen und mich an Themen halten, auf die mich die Menschen, denen ich auf meiner Reise begegnet war, direkt angesprochen hatten. Das war allerdings nur ein einziges Mal passiert. Wir hatten im Haus des Häuptlings eines Dorfes außerhalb von Lusaka zu Abend gegessen. Irgendwann hatte er sich unvermittelt vorgebeugt und gemeint: »Können wir nicht endlich etwas gegen die Krokodile unternehmen?«

Es stellte sich heraus, dass in seinem Dorf tatsächlich mehr Menschen durch Krokodile ums Leben kamen als durch AIDS. Unnötig zu erwähnen, dass es in meiner Mappe dazu keine Infos gegeben hatte. Ich sprach mit einer Mitarbeiterin von DATA, und sie meinte, sie würde sich darum kümmern. Die Lösung war vermutlich ziemlich einfach: Fallen, Waffen, solche Sachen. Um darauf zu kommen, brauchte es keine UN-Mission. Mich selbst als Held in der Geschichte zu sehen, fiel mir trotzdem schwer: *Matt Damon auf Krokodilsjagd*? *Crocodile Damon*?

Immer wieder musste ich an das Mädchen im blauen Kleid

denken und an unseren gemeinsamen Gang zum Brunnen. Und je mehr ich über ihre Situation nachdachte und über alles andere, was ich inzwischen über das Thema wusste, desto klarer wurde mir, welche enorm bedeutende Rolle Wasser spielt, und zwar für alles. Ohne Wasser ist kein Leben möglich. Und ohne Zugang zu sauberem Wasser gibt es auch keinen Fortschritt.

Jede einzelne Problematik, der ich auf meiner Reise begegnet war oder von der ich in den Nachrichten gehört hatte, ließ sich letztlich auf Wasser zurückführen. Zum Beispiel Gesundheit. An Durchfall, dem häufigsten Symptom wasserbedingter Krankheiten, sterben mehr Kinder als an Malaria, Masern und AIDS zusammen.[7] Millionen weiterer Kinder sind aufgrund wasserbedingter Krankheiten so massiv unterernährt, dass ihre körperliche und geistige Entwicklung für immer beeinträchtigt sein wird.[8] Und die Frauen und Mädchen, die das Wasser transportieren, haben sogar mit noch mehr gesundheitlichen Folgen zu kämpfen. Åsa Regnér, die stellvertretende Leiterin von UN Women, formulierte es so: »Das permanente Tragen, meist schon ab jungen Jahren, führt zu zunehmenden Verschleißerscheinungen an Nacken, Wirbelsäule, Rücken und Knien. Diese Frauenkörper sind de facto ein Teil der Wasserversorgungsinfrastruktur – sie übernehmen die Aufgabe der Leitungen.«[9]

Wasser ist aber auch entscheidend, damit mehr Kinder regelmäßig in die Schule gehen. Wasserbedingte Krankheiten sind für 443 Millionen Fehltage pro Jahr in den Schulen verantwortlich.[10] Hinzu kommt, dass viele Mädchen wegen fehlender Toilettenräume und Hygieneprodukte während ihrer Menstruation mehrere Tage im Monat zu Hause bleiben. Ganz zu schweigen von den langen Wegen bis zur Wasserquelle, die sie gleich komplett vom Schulbesuch abhalten. Wenn wir die Klassenzimmer voller (weiblicher) Kinder sehen wollen, müssen wir die Wasserkrise beenden.

Und sollte Ihnen die Gleichstellung der Geschlechter am Herzen liegen – welcher Schritt könnte bedeutender sein, um Frauen und Mädchen zu empowern, als ihnen ihre Lebenszeit zurückzugeben?

Aber auch für extreme Armut ist die Wasserkrise eine der Hauptursachen – 260 Milliarden Dollar kostet die Krise die Volkswirtschaften weltweit jedes Jahr.[11] Wasserknappheit gehört außerdem zu den verheerendsten Folgen der Klimaerwärmung, das sehen wir bereits heute. Für Menschen, die an die Wasserversorgung angeschlossen sind, wird die zunehmende Wasserknappheit ziemlich teuer werden. Für alle anderen bedeutet sie das Todesurteil.

»Das Prinzip aller Dinge ist Wasser«[12], sagte schon der griechische Naturphilosoph Thales von Milet. Für mich sah es ganz so aus, als hätte Thales recht gehabt. Jedes Gespräch, das ich über irgendein Entwicklungsthema führte – Gesundheit, Bildung, Frauenrechte, wirtschaftliche Möglichkeiten, Umwelt –, hätte eigentlich mit einer Diskussion über Wasser beginnen können, wenn nicht müssen. Beziehungsweise, um genau zu sein, mit einer Diskussion über WASH – das ist die übliche, im englischen Sprachraum verwendete Abkürzung für Wasser, Sanitärversorgung und Hygiene, die häufig zusammengenommen als ein Thema behandelt werden. De facto aber *hatte* kaum jemand darüber gesprochen. Mir fiel immer wieder ein Satz eines Kollegen von Bono ein: »Wasser ist das unsexieste Thema überhaupt«, hatte er gesagt. *Genau*, dachte ich. *Und rate mal, was passiert, wenn dann auch noch Kacke obendrauf kommt.*

Aber warum sind die Themen Wasser und sanitäre Einrichtungen eigentlich so unsexy? Warum bekommen sie so wenig Aufmerksamkeit? Ich habe im Laufe der Jahre eine ganze Reihe von Theorien dazu entwickelt und wieder verworfen. Die Theorie, an der ich bis heute festhalte, lässt sich am besten mit einem Gleichnis von David Foster Wallace beschreiben:

> *Schwimmen zwei junge Fische des Weges und treffen zufällig einen älteren Fisch, der in die Gegenrichtung unterwegs ist. Er nickt ihnen zu und sagt: »Morgen, Jungs. Wie ist das Wasser?« Die zwei jungen Fische schwimmen eine Weile weiter, und schließlich wirft der eine dem anderen einen Blick zu und sagt: »Was zum Teufel ist Wasser?«*[13]

Wallace wollte mit dieser kleinen Geschichte zeigen, dass »die offensichtlichsten, allgegenwärtigsten und wichtigsten Tatsachen oft die sind, die am schwersten zu erkennen und zu diskutieren sind«. Für mich ist die Geschichte mehr als eine Metapher – in Bezug auf Wasser ist sie sozusagen buchstäblich wahr.

Wasser ist unser permanenter Begleiter. Wir stehen auf und duschen mit Wasser, wir putzen uns die Zähne mit Wasser, wir spülen auf der Toilette mit Wasser, machen Kaffee mit Wasser, trinken ein Glas Wasser, spülen das Geschirr mit Wasser – und bis dahin haben wir noch nicht mal das Haus verlassen. Die Vorstellung, ohne Wasser auskommen zu müssen, ist uns völlig fremd – einfach, weil wir nie dazu gezwungen sind. Und weil Wasser so billig ist, so gut wie kostenlos, sofern es nicht gerade in Plastikflaschen abgefüllt ist, auf denen seine Elektrolyte angepriesen werden, machen wir uns auch über die Kosten kaum Gedanken. Das Einzige, was man in jedem Starbucks und jedem Restaurant kostenlos bekommt, ist ein Glas Wasser. Es ist völlig normal für uns, uns umsonst aus Wasserspendern zu bedienen und öffentliche Toiletten zu benutzen.

Du und ich – wir sind die Fische. »Was zum Teufel ist Wasser?«

Wasser und sanitäre Einrichtungen stehen uns so selbstverständlich zur Verfügung, dass wir uns dessen überhaupt nicht bewusst sind; wir nehmen es einfach nicht zur Kenntnis. Wenn nicht gerade irgendwo die Wasserversorgung ausfällt, was so gut wie nie vorkommt, müssen wir ja auch nie ohne auskommen. Vielleicht wissen wir, wie sich Hunger anfühlt, weil jeder schon mal hin und wieder eine Mahlzeit ausgelassen oder vor dem gähnend leeren Kühlschrank gestanden hat. Aber wie viele von uns haben schon einmal sämtliche Wasserhähne im Haus aufgedreht, sämtliche Wasserhähne in der ganzen Stadt, ohne dass ein Tropfen herauskam? Wie viele von uns können sich ein solches Szenario überhaupt vorstellen?

Vor ungefähr zwanzig Jahren habe ich einmal eine Geschichte in der *LA Times* über zwei Collegefreunde gelesen, die einen Roadtrip unternahmen. Bei den Carlsbad Caverns stiegen sie aus, machten sich zu einer Wanderung auf und verirrten sich. Vier Tage lang waren sie ohne Wasser unterwegs. Der Durst war so quälend, dass einer der beiden schließlich seinen Freund anflehte, ihn zu töten, bevor er an Dehydration sterbe. Der andere hatte ein kleines Messer bei sich und tat es. Er tötete tatsächlich seinen besten Freund – nur um kurz darauf festzustellen, dass sie gerade mal siebzig Meter vom Weg entfernt waren.[14]

Überraschenderweise ergab die Autopsie des Jungen, dass er gar nicht verdurstet wäre. Er war nicht einmal kurz davor zu verdursten. Er hatte seinen Zustand nur einfach nicht einschätzen können – weil er *nie zuvor wirklichen Durst erfahren hatte.*

1906 befragte der Wissenschaftler W. J. McGee einen Mann, der fast eine Woche lang ohne Wasser in der Wüste von Arizona überlebt hatte. McGee beschrieb im Anschluss drei Phasen von Durst. Die erste Phase drückt sich durch normale Trockenheit aus, wie wir sie alle kennen. In der zweiten Phase brennt die Kehle, die Haut spannt sich, und schließlich wird man wahnsinnig. Phase drei beschrieb McGee als »fortschreitende Mumifizierung« des Körpers[15]. Der Junge hatte sich irgendwo in Phase zwei befunden.

Die Geschichte hatte mich derart gepackt und erschüttert, dass ich sie, als mich der Regisseur Gus Van Sant am selben Morgen wegen etwas ganz anderem anrief, direkt erzählte und wir am Ende einen Film darüber drehten: *Gerry*. Zugegeben, ich habe schon erbaulichere Filme gemacht, die sich besser für ein Date eignen. Aber ich fand es faszinierend, wie sehr wir in den wohlhabenden Ländern den Kontakt zu so essenziellen menschlichen Empfindungen wie echtem, andauerndem und sogar lebensbedrohlichem Durst verloren haben.

Deshalb braucht es wahrscheinlich auch so viel Zeit, bis die Leute das Thema wirklich erfassen. Manchmal finde ich es sehr frustrierend, wenn jemand einfach nicht begreift, worum es geht – und dann erinnere ich mich, dass es mir selbst anfangs auch nicht anders ergangen war. Selbst nach der Begegnung mit Wema, die ja wirklich Eindruck auf mich gemacht hatte, war mir das Problem von chronischem Durst und fehlendem Zugang zu Wasser immer noch so fremd, dass ich noch eine ganze Weile brauchte, bis ich wirklich begriff, wie sehr es ihr Leben bestimmte.

Aber mit der Zeit bekam ich dann doch das Gefühl, ich hätte das Thema allmählich erfasst – das Problem, nicht die Lösung. Und ich hatte das Gefühl, dass es mehr Geschichten wie die dieses Mädchens brauchte, um dem Thema die nötige Aufmerksamkeit zu verschaffen. Und wodurch sonst zeichnet sich Berühmtheit aus, wenn nicht durch einen völlig unnötigen Aufmerksamkeitsüberschuss? Könnte ich nur einen Teil davon auf ein Thema lenken, das wirklich mehr Aufmerksamkeit gebrauchen kann, dann hätte ich das Gefühl, zumindest einen Anfang gemacht zu haben.

Bestimmt gibt es geeignetere Menschen, die Botschaft zu transportieren. Reden wir doch Klartext: Sie lesen hier ein Buch von zwei privilegierten weißen Männern über ein Thema, das vor allem marginalisierte People of Colour und insbesondere Frauen betrifft. Aber wie sonst könnte ich mehr Menschen für das Thema interessieren, als immer wieder davon zu sprechen?

Ich weiß, wie wichtig es ist, kontinuierlich zuzuhören und dazuzulernen, wenn man sich für ein Thema engagiert, das Gruppen betrifft, denen man nicht selbst angehört. Ein Bewusstsein für die eigenen Denkmuster und Vorurteile ist unverzichtbar, ebenso tiefe Demut angesichts all der Möglichkeiten, die auch gute Arbeit scheitern lassen können, und die Bereitschaft, permanent nach besseren Wegen zu suchen. Mit anderen Worten: Es braucht genau die Kombination aus Achtsamkeit und Furchtlosigkeit, die mir meine Mom vor so vielen Jahren beigebracht hat. Ich hoffe, Sie werden mich an ihrem Beispiel messen.

Nicht lange vor unserer Afrikareise hatte ich zufällig mit einem Dokumentarfilm über drei Männer zu tun, die 4 000 Meilen durch den sengenden Sand der Sahara laufen wollten – vom äußersten Westen, wo der Atlantische Ozean an Senegal angrenzt, bis ganz nach Osten, wo das Rote Meer auf Ägypten trifft.[16] Einer der Läufer, ein charismatischer Typ namens Charlie Engle, hatte mich dazu überredet. Charlie war ein paar Jahrzehnte zuvor nach einem Kokainrausch halb tot auf dem Boden eines Motels aufgewacht. Er hatte sich aufgerappelt, frisch gemacht und war losgelaufen. Seitdem hat er nicht mehr aufgehört. Er hat sein ganzes Suchtpotenzial zusammengerafft und ins Laufen gesteckt, bis er am Ende Ultramarathons bestritt.

Als ich Charlie kennenlernte, nahmen wir zusammen an einem Zehn-Meilen-Lauf teil; dabei fragte er mich, ob ich schon einmal einen Marathon gelaufen sei. Ich verneinte. »Mein Bruder läuft Marathon«, meinte ich, »und ich habe auch schon mal für einen trainiert, nur machen meine Achillessehnen leider nach zwanzig Kilometern schlapp.«

»Tun sie nicht«, sagte er.

Als Besitzer nämlicher Sehnen, um die es da ging, widersprach ich: »Doch, tun sie schon.«

»Tun sie nicht«, wiederholte er. Und dann kam diese Perle von einem Satz: »Du musst einfach nur dein Verhältnis zum Schmerz neu ausrichten.«

Charlie mag sich nach einer wenig glaubwürdigen Filmfigur anhören – das empfand ich damals genauso. Aber ich mochte ihn, und ich mochte sein Projekt. Also wurde ich der ausführende Produzent des Films und sagte zu, auch die Erzählstimme zu übernehmen. Ich fand einfach die Geschichte interessant – der Mensch im Kampf gegen die Elemente, so was in der Art.

Aber als die Läufer dann ihre Vorbereitung abgeschlossen hatten und die Crew zum Dreh nach Afrika flog, sah ich die Sache etwas anders. Inzwischen war ich mit DATA in verschiedenen Gebieten Afrikas gewesen, und als ich mir jetzt die Strecke ansah, die die Läufer zurücklegen würden – durch Senegal, Mauretanien, Mali, Niger, Libyen und Ägypten –, sah die Karte für mich aus wie der ultimative Brennpunkt der globalen Wasserkrise. Einige der Länder litten unter extremer Wasserknappheit, und ihnen fehlte die Infrastruktur, um das Problem anzugehen. Wenn ich die Wasserkrise wirklich verstehen oder etwas dagegen unternehmen wollte, dann war dies der perfekte Ausgangspunkt.

Während der Vorbereitungen zum Dreh erfuhr ich, dass sich bereits einige Organisationen darum bemühten, den dort lebenden Menschen Zugang zu Wasser und zu sanitären Einrichtungen zu verschaffen. Aber es fehlte an finanziellen Mitteln. Vielleicht könnte ich ja dort etwas tun, dachte ich: nämlich Geld einsammeln. Ich sprach mit den anderen Projektverantwortlichen, und wir beschlossen, unsere Expedition um einen gemeinnützigen Bereich zu erweitern: die H_2O Africa Foundation.

Uns war klar, dass es eine Menge Arbeit mit sich bringen würde, die besten Wasser- und Sanitärorganisationen ausfindig zu machen, uns mit ihrer Arbeit auseinanderzusetzen, zu prüfen, ob sie gute Partner abgeben würden, und sie zu finanzieren. Durch unser Filmprojekt hatten wir aber zumindest schon einmal Leute vor Ort, die die Gegend abfahren könnten. Ich meine natürlich nicht die Läufer. Die hatten schon genug zu tun – für ihr Überleben zu sorgen, zum Beispiel. Ich meine die Leute, die mit Autos und Lastern hinter ihnen herfuhren, sie auf diverse Weise unterstützten und das Ganze filmten. Unterwegs würden sie Gelegenheit haben, mit Einheimischen über deren Probleme bei der Wasserversorgung zu sprechen und nach Hilfsorganisationen Ausschau zu halten.

Um zu verstehen, was für eine Riesenchance das war, muss man wissen, dass es sehr schwierig ist, in einige dieser Länder überhaupt einzureisen. Als die Läufer zum Beispiel schon im Niger angelangt waren und sich dort ihren Weg durch die Wüste bahnten, hatte Libyen – das im Nordosten an Niger angrenzt und die nächste Etappe war – die Visa immer noch nicht bewilligt. Ich drehte damals gerade *Das Bourne Ultimatum* und flog kurzerhand vom Set in Europa nach Washington, D.C., um die Beamten der libyschen Botschaft davon zu überzeugen, die Läufer einreisen zu lassen. Aber scheinbar bin ich nicht so charmant, wie ich es mir gerne einrede, denn die Antwort lautete Nein. Bis der Antrag endlich genehmigt wurde, musste erst noch ein libyschstämmiger Geschäftsmann ein paar Strippen ziehen.[17]

Es war also ein Riesenvorteil, Leute vor Ort zu haben, und ich wollte das Beste daraus machen. Natürlich wusste ich, wie unprofessionell es war, die ganze Recherchearbeit nebenher am Set zu erledigen. Hat man einen Abschluss in, sagen wir, Entwicklungszusammenarbeit von der, sagen wir, London School of Economics, hat man das wahrscheinlich anders gelernt. Ich habe aber keinen Abschluss in Entwicklungsfragen. Ich produzierte einen Dokumentarfilm und wollte meinen eigenen Lernprozess ankurbeln. Mir fiel die Aufschrift auf einem Magneten ein, der an unserem Kühlschrank hing, als ich noch klein war. Ein Zitat, sehr wahrscheinlich von Gandhi: »Fast alles, was du tust, ist letzten Endes unbedeutend. Und trotzdem ist es wichtig, dass du es tust.«

Und dass wir es getan haben, darüber bin ich sehr froh. Unser

Team ist auf ein paar hervorragende Organisationen gestoßen, die wirklich sehr wertvolle Arbeit leisten – und haben dabei Tag für Tag gesehen, wie viel mehr noch zu tun wäre. Einmal waren sie in einem mit Wasser und Lebensmitteln für die Läufer beladenen Lastwagen unterwegs, als sie auf einen siebenjährigen Jungen stießen, der mutterseelenallein und offensichtlich verängstigt in der Wüste saß. Er hatte ein wenig Kamelmilch bei sich und etwas Trockenfleisch, das war alles. Seine Eltern hatten ihn dort zurückgelassen, während sie Wasser holen gingen – was mitten in der Sahara zwei volle Tage dauert und nur zu zweit möglich ist. Die Familie besaß eine Schaf- und Ziegenherde und ein Kamel, und so hatten sie keine andere Wahl, als den Jungen zurückzulassen, damit er die Tiere hütete. Die Crew fragte ihn, ob er oft alleine mit den Tieren war. Er bejahte. Sie ließen ihm eine Schachtel Kekse, eine Tüte mit frischen Datteln und ein paar große Flaschen Wasser da, aber das war natürlich keine Dauerlösung – und als ihr Lastwagen unter aufwirbelnden Sandwolken weiterfuhr, kamen sie dem Jungen wohl schon bald nur noch wie ein surrealer Traum vor.[18]

Immer wieder kam den Läufern und der Crew ein Satz in Tamascheq, der Sprache der Tuareg, zu Ohren: *Aman iman.*

»Wasser ist Leben.«[19]

Der Film und die Werbung für H_2O Africa spielten eine beträchtliche Summe ein, und danach kam auch aus anderen Quellen Geld. OneXOne, eine kanadische Hilfsorganisation, die in Einrichtungen investiert, die sich um das Wohlergehen von Kindern kümmern, spendete bei einer von mir veranstalteten Gala in Toronto eine Million Dollar an H_2O Africa. Danach bekamen wir einen bedeutenden Betrag von der PepsiCo Foundation, die sehr engagiert ist und in diverse Partnerschaften zur Bekämpfung der Wasserkrise investiert. Für uns war das ein großer Vertrauensbeweis für unsere Arbeit.

Je erfolgreicher wir bei der Beschaffung von Geldern waren, die wir dann an Organisationen vor Ort in Afrika weiterleiteten, desto deutlicher bekam ich meine Wissenslücken und meine mangelnde Erfahrung vor Augen geführt. Wer erfolgreich Spenden einsammelt, der hat auch die Verantwortung, die ihm anvertrauten Mittel ordentlich zu verwenden – und in dem Bereich hatte ich noch eine Menge zu lernen. Das Projekt ohne wirklich profunde Kenntnis des Sachverhalts zu starten, war für mich okay gewesen. Aber so weiterzumachen, das war nicht mehr okay.

Ich begann, mehr über die Wasserkrise zu lesen und mich mit Experten zu treffen. Jeffrey Sachs, ein Wirtschaftswissenschaftler, der in entwicklungspolitischen Kreisen eine wichtige Rolle spielt und, wie mir zu Ohren gekommen war, auch Bonos Denken stark beeinflusst hat, hatte mich schon länger beeindruckt (Bono bezeichnet sich selbst als »Jeff-Sachs-Groupie«). Ich begegnete Jeff zum ersten Mal auf der Gala in Toronto; ab da wurde er für mich zum idealen Mentor, immer bereit für ein ausgedehntes Mittagessen und mir dabei zu helfen, die Sprache der Entwicklungspolitik zu verstehen, wenn auch nicht fließend zu sprechen. An der Stelle möchte ich übrigens eine Warnung aussprechen: Sollten Sie sich je über eine so große globale Problematik wie das Thema Wasser informieren wollen, machen Sie sich auf Sätze wie diesen gefasst: »Wasserressourcen-Management impliziert stets eine Dialektik zwischen Integration (Dublin-Prinzip 1) und Subsidiarität (Dublin-Prinzip 2).«[20]

In solchen Fällen ziehen Sie sich am besten ganz behutsam von der betreffenden Website zurück und lassen sich bloß nicht entmutigen. Im Ernst, fast alle bedeutenden Player in der Welt der Entwicklungspolitik haben diesen Fachjargon drauf. Das ist vermutlich generell üblich unter Experten. Auch Hollywood hat seine eigene Fachsprache: Man denke nur an »Tent Poles«, »Beat Sheets«, »Slug Lines«. Die Undurchdringlichkeit solcher Fachjargons hat eine Art Schutzfunktion, ganz unabhängig von der Branche. Wenn schon nichts Inhaltliches rüberkommt, wird zumindest eines kommuniziert: »Wir wissen eine Menge über das Thema – und ihr habt keinen Schimmer.« Was ja auch völlig richtig ist – Experten werden immer mehr wissen als Sie; deshalb sind sie ja auch Experten, und Sie, bei allem Respekt, sind es nicht. Genauso wenig wie ich.

Ich kann das für mich absolut akzeptieren. Ich bin gerne bereit, mich leicht unterbelichtet zu fühlen und Fragen zu stellen, die mich als völlig ahnungslos oder zumindest leicht naiv entlarven, worin ich im Übrigen besser bin, als ich dachte. Aber irgendwann kommt der Punkt – bei H_2O Africa war das ein paar Jahre nach unserem Start –, an dem die Rolle als williger Schüler nicht mehr ausreicht. Irgendwann ist mir klar geworden, dass ich keinen Lehrer mehr brauchte, sondern einen Partner – jemanden, der mehr über Wasser weiß als ich und der gleichzeitig bereit wäre, sich mit mir zusammenzutun, damit wir unsere Kräfte bündeln und als Team mehr erreichen könnten, als es jeder allein vermochte. Ich hatte zwar immer noch nicht besonders viel Ahnung, aber doch genug, um zu wissen, dass es einen Menschen gab, der sich so gut mit Wasser auskannte wie kein anderer. Und das war Gary White.

2

DIE WASSER-DEKADE

Gary White

Bei jemandem wie mir würde man normalerweise nicht vermuten, dass ich einen meiner ersten Schreibtischjobs einfach gekündigt habe. Das vorweg, bevor ich davon erzähle, wie es genau dazu kam.

Als das Männermagazin *Esquire* 2009 eine der ersten Reportagen über Water.org brachte, beschrieb der Journalist, der Matt und mich bei unserem Besuch in Indien begleitete, den Unterschied zwischen uns anhand unserer Outfits, die auf den ersten Blick komplett identisch schienen: Wir trugen beide Button-down-Hemden und Khaki-Shorts. Der einzige Unterschied war, dass Matts Hemd locker über der Hose hing, die obersten Knöpfe nicht geschlossen, und meines ordentlich in der Hose steckte, die von einem Gürtel gehalten wurde. Aus meiner Brusttasche lugte ein Kugelschreiber hervor. »Die Wirkung ist wie Tag und Nacht«, schrieb der Journalist, »Schwarz und Weiß, Filmstar und Ingenieur.«[21]

Damit lag er nicht ganz falsch. Auch ohne Matt Damon an meiner Seite wirke ich oft wie ein zugeknöpfter Ingenieur.

Drama ist mir fremd. Daher war jener Wintertag 1989 umso bemerkenswerter. Ich war kurz zuvor nach Denver gezogen, um dort eine Stelle in einem Ingenieursbüro anzutreten, und sollte eine Pipeline entwerfen, die Wasser von einem Ort in Pueblo, Colorado, zu einem anderen Ort in Pueblo, Colorado, transportierte. Keine besonders öffentlichkeitswirksame Arbeit, aber auf ihre Art doch wichtig.

Als ich nach anderthalb Wochen von meinem Schreibtisch aufstand, das Büro verließ und auf die Straße trat, war das kein Zeichen von Protest. Es fühlte sich nicht einmal nach einer bewussten Entscheidung an. Ich war einfach rastlos. Kein Bewegungsdrang nach langem Sitzen, sondern Rastlosigkeit in einem existenziellen Sinne. Ich musste mich bewegen, damit mein Denken Raum bekam.

Ein paar Monate zuvor war ich im Hochland von Guatemala als technischer Experte für die US-amerikanische Caritas, die Hilfsorganisation CRS (Catholic Relief Services), unterwegs gewesen. Ich hatte Projekte begutachtet, die der CRS in Lateinamerika und der Karibik unterstützte. Für meine Anerkennung als Ingenieur wurde die Station allerdings nicht angerechnet. Dafür brauchte ich ein weiteres Jahr, in dem ich offiziell als Ingenieur Berufspraxis sammeln konnte, deshalb der Job in Denver.

Die meisten Projekte, die ich beim CRS betreut hatte, hatten mit Wasser zu tun gehabt. In den Dörfern hatte ich Frauen getroffen, deren ganzes Leben – jede Minute jedes Tages – vom fehlenden Zugang zu Wasser und sanitären Einrichtungen beeinflusst war. Vom Aufwachen (oft um vier Uhr morgens, um sich auf dem Feld zu erleichtern, solange es noch dunkel und dadurch etwas geschützter war) über viele Stunden am Tag, die sie mit Wasserholen verbrachten, bis zur Nacht, wenn sie verschwitzt und staubig schlafen gingen, weil das Wasser nur zum Waschen der Kinder reichte.

Was für ein Kontrast zu meinem neuen Job! Die meisten Menschen in Pueblo, Colorado, verschwendeten nie auch nur einen Gedanken an Wasser, und ich sollte dafür sorgen, dass das so blieb, indem ich sicherstellte, dass die Fäkalien in den Kloschüsseln auf Knopfdruck weggespült wurden und jederzeit Wasser durch Hähne, Duschen und Leitungen floss. Das war eine ehrenwerte Aufgabe. Aber für mich fühlte es sich an, als würde ich im Garten herumwerkeln, während nebenan das Haus der Nachbarn brannte.

Unbewusst lief ich drauflos, kilometerweit. Ohne darauf zu achten, wohin ich ging, war ich irgendwie bei der Kirche meiner Gemeinde gelandet. Ich trat ein, um mich einen Moment hinzusetzen. Die Kirche war menschenleer. Ich nahm in einer der Bankreihen Platz und überlegte, ob ich meinen Job kündigen sollte oder nicht.

Die Kirche war noch relativ neu für mich – mein Umzug lag noch nicht lange zurück –, aber sie erinnerte mich an zu Hause. Ich war in Kansas City, Missouri, einen Block von der katholischen Kirche St. Bernadette's entfernt aufgewachsen und dort jeden Sonntag zur Messe gegangen. Außerdem hatte ich eine katholische Highschool vom Orden der christlichen Brüder besucht, obwohl die Schulgebühren für uns eine Herausforderung bedeuteten. Meine Eltern hatten sich die Gebühren für meine drei älteren Geschwister nicht leisten können, aber meinten, wenn ich einen Weg fände, um die Hälfte des Geldes aufzubringen, würden sie den Rest übernehmen. Im Sommer arbeitete ich daher als Hausmeister in der St. Bernadette Grundschule, um meinen Anteil zusammenzubekommen, und wischte dieselben Böden und putzte dieselben Klos, die ich weit hinter mir gewähnt hatte, als ich auf die weiterführende Schule gekommen war.

»Ein Leben ist wertlos, wenn es nicht für andere gelebt wird«, hatte ich in der Schule und der Kirche gelernt. Meine Eltern hatten diese Lehre verinnerlicht, insbesondere meine Mutter Kathy White. Sie war auf einer Farm in Missouri aufgewachsen und in den späten 1940er-Jahren in die Großstadt gezogen, daher hatte sie nie, so wie ich, die Möglichkeit gehabt, Menschen am anderen Ende der Welt zu helfen. Aber sie führte trotzdem ein Leben im Dienst der Nächstenliebe. Entweder widmete sie ihre Zeit ihren fünf Kindern zu Hause oder sie engagierte sich ehrenamtlich in der Kirche einen Block weiter auf dem Hügel. Sie half zum Beispiel bei der Unterbringung vietnamesischer Flüchtlinge oder sammelte Geld, um arme Menschen in Kansas City zu unterstützen. Wie viele andere organisierte unsere Kirche auch Flohmärkte, um Geld für Spenden zu sammeln, und meine Mutter war jeden Tag dort und sortierte stapelweise Klamotten und alte Spielsachen.

Der Dienst am Nächsten war also für mich immer wichtig gewesen. Als ich jetzt in der Kirche in Denver saß, dachte ich über einen Begriff nach, den man häufig von Katholiken hört und der auch der Name eines Kurses gewesen war, den ich in der Highschool belegt hatte: Soziale Gerechtigkeit. Dahinter kann sich natürlich alles Mögliche verbergen, aber mich erinnerte er an ein Erlebnis bei meinem ersten Auslandseinsatz als Freiwilliger während des Studiums. In den Slums von Guatemala City sah ich ein kleines Mädchen, vielleicht fünf oder sechs Jahre alt, das Wasser aus einem dreckigen Fass in einen Eimer füllte. Er wog fast so viel wie sie selbst. Sie hievte ihn sich auf den Kopf und schwankte entlang eines Abwasserrinnsals nach Hause. Wie wahrscheinlich jeder in der Situation hatte ich den Impuls, sie von ihrer schweren Last zu befreien. Ich wollte ihr irgendwie sagen, dass dieses Wasser sie sehr krank machen oder sogar umbringen könne. Aber das konnte ich nicht. Mein Spanisch war damals zu schlecht, als dass ich ihr die Gefahr hätte erklären können. Abgesehen davon war es das einzige Wasser, das ihr zur Verfügung stand, weil sie am falschen Ort in Armut geboren worden war.

Es war nicht nur traurig. Es war nicht nur tragisch. Es war ungerecht – ein Wort, das ich nicht leichtfertig gebrauche. Damals in Guatemala City verstand ich etwas, das ich vorher nur theoretisch gekannt, nur abstrakt gewusst hatte: Genau wie für dieses kleine Mädchen war es für Milliarden von Menschen ein täglicher Kampf, ihre absoluten Grundbedürfnisse zu stillen. Es kostete sie so viel Energie, dafür zu sorgen, dass ihre Familien genug Wasser zum Trinken und Essen sowie einen sicheren Platz zum Schlafen hatten, dass keine Kraft mehr übrig blieb, die sie in ihre eigene Zukunft hätten investieren können. Auf diese Weise sind Generationen von Menschen ohne eigenes Verschulden in einem Teufelskreis gefangen. Als Heranwachsender hatte ich gelernt, dass die Welt nicht zwangsläufig so sein muss – die Entscheidung liegt bei uns, dass sie nicht so sein soll. Tun wir das nicht, bleibt alles beim Alten.

Ich würde kündigen.

Wäre mein Leben ein Roman, wäre ich nie wieder an meinen Schreibtisch zurückgekehrt. Aber wie gesagt, Drama liegt mir nicht. Ich meldete mich für diesen und den nächsten Tag krank. Emotional betrachtet war ich das auch (außerdem hatte ich einen schmerzhaften Sonnenbrand, nachdem ich den ganzen Tag in der Sonne herumgelaufen war). Zusammen mit meiner Frau Becky fasste ich einen Entschluss: Ich würde meinen Denver-Job so lange machen, bis ich meinen Ingenieur in der Tasche hatte – aber keinen Tag länger, auch nicht, wenn ich beim Examen durchfallen sollte. Parallel würde ich mich außerdem für einen Aufbaustudiengang bewerben, um noch mehr über Wasser zu lernen und neue Wege zu erkunden, wie man der Krise begegnen konnte.

Ich verfolgte meinen Plan und bekam einen Platz in einem Masterprogramm für Umwelttechnik an der University North Carolina in Chapel Hill, wo einige der weltweit führenden Experten für Wasserfragen tätig sind. Nach etwas mehr als einem Jahr bei dem Ingenieurbüro kündigte ich meinen Job in Denver.

Ich beschloss, eine Benefizveranstaltung in St. Bernadette zum Thema Wasser zu organisieren, die ich das »Thanksgiving Water Dinner« nannte, weil sie Ende November 1990 stattfand. Wir sammelten Geld für Cocepradil, eine großartige Organisation in Honduras, die mit Gemeinden zusammenarbeitet und Wassersysteme baut, die aus Quellen gespeist werden. Die von uns gesammelten Spenden sollten Cocepradil dabei unterstützen, sauberes Wasser in eine Gemeinde namens El Limón zu bringen. Wie die meisten Thanksgiving-Feiern war auch diese eine Familienangelegenheit: Meine gesamte Großfamilie half bei den Vorbereitungen für das Essen. Meine Mutter fing alle, die sie kannte, nach der Messe ab und animierte sie zur Teilnahme. Sie war unsere erste und tatkräftigste Freiwillige. In erster Linie verdankten wir es ihr, dass etwa hundert Freunde und Verwandte kamen – viel mehr, als ich erwartet hatte. Meissen's Catering, ein lokales Unternehmen, das einem Freund der Familie gehörte, sponserte das Essen, und ich zeigte eine Diashow über Wasserprojekte aus meiner Zeit beim CSR. Ich hatte außerdem das Glück, dass Pater Pat Tobin eine Rede hielt – ein wunderbarer Priester aus Kansas City (den Mutter Teresa gebeten hatte, Exerzitien für ihre Schwestern der Nächstenliebe in Indien zu leiten). An dem Abend sammelten wir über viertausend US-Dollar ein. Becky hatte ein Transparent vorbereitet, auf dem alle Teilnehmenden der Veranstaltung unterschrieben. Als ich El Limón im folgenden Jahr besuchte, um den Fortschritt des Projekts zu begutachten, überreichte ich es der Gemeinde.

Das Dinner war ein solcher Erfolg, dass wir beschlossen, es im nächsten Jahr zu wiederholen und darüber hinaus ein weiteres in Kansas City zu veranstalten. Einige meiner Mitstudierenden aus unserem Ingenieursjahrgang bildeten ein Komitee – allen voran meine gute Freundin Marla Smith, die sich am stärksten engagierte. Zusammen gründeten wir beide eine Organisation: International Partnership for Safe Water (Internationale Partnerschaft für sicheres Wasser), kurz: IPSW (wir sind Ingenieure, Markenbranding ist nicht gerade unsere Stärke). Einige unserer Professoren bildeten den ersten Vorstand von IPSW.

Ich freute mich auf die vor uns liegende Aufgabe. Aber mir war auch klar, dass die Gründung einer Organisation zur Bewältigung der globalen Wasserkrise in den frühen 1990er-Jahren ungefähr so war, als wenn du in dem Moment bei einer Party auftauchst, wenn alle gerade ihre Sachen packen und nach Hause gehen.

Viele haben es inzwischen vergessen oder sind zu jung, um sich noch daran zu erinnern, aber die 1980er-Jahre waren in der Welt der Wasser- und Sanitärversorgung eine Zeit großer Hoffnungen. Die Vereinten Nationen hatten die Dekade sogar zum Internationalen Jahrzehnt der Trinkwasserversorgung und Abwasserentsorgung erklärt (auch UN-Beamte sind anscheinend keine Marketingspezialisten). Die UN hatten diese Entscheidung getroffen, nachdem sie in den 1960er- und 1970er-Jahren zahllose Konferenzen zu Entwicklungsfragen veranstaltet und dabei festgestellt hatten, dass die beteiligten Parteien sämtlicher Gespräche – egal, um welches Thema es ging: Überbevölkerung, Verstädterung oder Umwelt – immer wieder auf Wasser zurückkamen. Wassermangel war für Entwicklungsländer eine der größten Herausforderungen überhaupt: Nur vierzig Prozent der Menschen hatten Zugang zu sicherem Trinkwasser und nur fünfundzwanzig Prozent zu einfachsten sanitären Einrichtungen.[22] Jedes Jahr starben schätzungsweise 15 Millionen Kinder, weil ihnen der Zugang zu sauberem Trinkwasser fehlt.[23]

Je mehr die Entwicklungsländer auf die Krisen hinwiesen, denen sie sich gegenübersahen, desto deutlicher wurde, dass der Zugang zu sauberem Wasser für eine gesunde Gesellschaft genauso wichtig ist wie für den menschlichen Körper. Daher setzte sich die UN-Generalversammlung 1980 schließlich das Ziel, allen Menschen überall auf der Welt bis zum Ende des Jahrzehnts Zugang zu sauberem Wasser und sanitären Einrichtungen zu ermöglichen.

Ich hatte meine Arbeit beim CSR damals mitten in der Wasser-Dekade begonnen, und es hatte mich beflügelt, Teil dieses Projektes zu sein.

Für mich war die Arbeit damals völlig neu, sodass mein Idealismus nicht verwundern mag, aber selbst die Experten schienen zu glauben, dass die Welt die Wasserkrise lösen könne – wenn nicht bis 1990, was die meisten als ein sehr ehrgeiziges Ziel betrachteten, dann doch vielleicht im folgenden Jahrzehnt.

Ehrlich gesagt hatte ich damals eine ziemlich idealisierte Vorstellung davon, was für die Beendigung der Krise nötig wäre – und welche Rolle ich dabei spielen würde. Ich erinnere mich, dass ich sogar überlegte, einen Pilotenschein zu machen, um so effizient wie möglich selbst zu den Orten fliegen zu können, die für den Zugang zu sauberem Wasser technische Hilfe brauchten.

Es dauerte nicht lange, bis ich eines Besseren belehrt wurde. Als ich durch Lateinamerika reiste und Dörfer besuchte, die dringend sauberes Wasser brauchten, stieß ich immer wieder auf einen Anblick, der zunächst überhaupt keinen Sinn ergab: relativ neu gebaute, hochmoderne Brunnen, die bereits kaputt und aufgegeben waren.

Der Kern des Problems bestand darin, dass die meisten der Wasser- und Sanitärprojekte nicht *mit*, sondern *für* die örtliche Bevölkerung gebaut worden waren.

In den 1980er Jahren beauftragte die US-Regierung häufig amerikanische Firmen mit der Planung von Wasserprojekten und der Lieferung von Materialien. Bei der US-Entwicklungshilfebehörde USAID war dies sogar Vorschrift. Während der

Wasser-Dekade verlangte ein US-Gesetz, dass USAID für die Mehrheit der Entwicklungsprojekte amerikanische Auftragnehmer einsetzte – nach dem Motto: Wenn wir schon all den Menschen helfen, können wir doch auch etwas dabei verdienen. Noch bis in die 2000er-Jahre hinein sah die US-Regierung diese Vorgabe als Vorteil an, nicht als Problem. In den Werbematerialien von USAID hieß es prahlerisch: »Hauptnutznießer der amerikanischen Auslandshilfeprogramme waren schon immer die Vereinigten Staaten. Nahezu achtzig Prozent der Verträge und Zuschüsse der US-Entwicklungshilfebehörde gehen direkt an amerikanische Firmen.«[24]

Theoretisch könnte das eine Win-win-Situation sein: Hilf dir selbst, indem du anderen hilfst. Aber die Praxis sah anders aus (ein ehemaliger USAID-Direktor räumte inzwischen ein, dass ihm die vom Kongress aufgestellten Regeln bei der Arbeit »das meiste Kopfzerbrechen« bereitet hätten).[25] Es reicht nicht, einfach Brunnen zu bohren. Brunnen sind so konzipiert, dass sie ständig in Betrieb sind, und irgendwann geht dann eben ein Teil kaputt. Wenn ein solcher Brunnen aber von einer amerikanischen Firma mit amerikanischen Bauteilen gebaut wurde – wie soll die Gemeinde vor Ort ihn dann reparieren? Wenn die Leute nicht wissen, wo sie ein Ersatzteil herbekommen, und nicht genug Wartungsgebühren eintreiben, um das Teil aus Übersee zu bestellen und es dann einzubauen, dann haben sie irgendwann nur noch einen kaputten Brunnen. Dieses Szenario übersah man damals weitgehend, vor allem aufgrund der Eile, mit der die Projekte umgesetzt wurden.

Viele der Brunnen gingen also einfach kaputt – und blieben es auch. Als Forschende die Wasserprojekte zwei bis fünf Jahre nach ihrer Fertigstellung untersuchten, kamen sie zu dem Ergebnis, dass zwischen dreißig und fünfzig Prozent nicht mehr in Betrieb waren.[26]

Einige der noch funktionierenden Brunnen lieferten stark verunreinigtes Wasser. Nachdem ich in Guatemala durch Wasser krank geworden war, konzipierte ich den ersten Test für den CSR zur Untersuchung der Wasserqualität. Nie werde ich vergessen, wie ich versuchte, meine gesamte Testausrüstung und sämtliche Chemikalien (einschließlich brennbarer Stoffe) mit ins Flugzeug zu nehmen. Ich erklärte dem Sicherheitspersonal, dass ich all die Sachen brauchte, um die Wasserqualität in der Dominikanischen Republik zu untersuchen. Sie sahen mich an, als wäre ich geisteskrank, aber ließen mich an Bord.

Die Testergebnisse waren zum Großteil schockierend. Um den Verschmutzungsgrad der Wasserversorgung zu messen, entnimmt man normalerweise etwa 100 Milliliter Wasser, gießt es durch einen Filter, lässt den Bakterien Raum zum Wachsen und zählt dann die sichtbaren Bakterienkolonien. Auf diese Weise gewinnt man einen ungefähren Eindruck davon, wie hoch die Keimbelastung des Wassers ist. Ist das Wasser jedoch sehr stark verunreinigt, lassen sich die einzelnen Kolonien nicht mehr voneinander unterscheiden. In so einem Fall steht dann im Bericht der Vermerk: »TNTC« – too numerous too count (zu zahlreich, um gezählt werden zu können). In unserem Bericht gab es sehr viele TNTCs.

Aber selbst das optimistischste Szenario – ein funktionierender Brunnen, der sauberes Wasser liefert – nützt nicht viel, wenn eine Gemeinschaft nicht gelernt hat, wie man das Wasser auch sauber hält. Wir haben als Kinder alle gelernt (und wurden während der Corona-Pandemie wieder daran erinnert), dass bestimmte Keime Krankheiten übertragen. Wir wissen, dass man sich die Hände waschen muss, um die Keime loszuwerden. Trotzdem haben wir vermutlich alle schon einmal beobachtet, wie jemand eine öffentliche Toilette ohne Händewaschen verlassen hat. Wenn es dieses Wissen über Keime aber in einer Gemeinschaft überhaupt nicht gibt und auch keine Waschbecken existieren – wie viel schlimmer ist das erst! Welch schreckliche Ironie, wenn sauberes Wasser, das mit so großem Aufwand beschafft worden ist, direkt nach der Entnahme aus dem Brunnen verunreinigt wird.

Auch viele der neuen Toiletten waren ein Reinfall. Plumpsklos sind oft kleine, dunkle, geschlossene Räume – und man kann sich vorstellen, dass es im Inneren nicht besonders gut riecht. Es ist erst mal wenig einleuchtend, dass ein Ort, der so stinkt, hygienisch sein soll. Viele Menschen empfinden es als sauberer, wenn sie sich unter freiem Himmel erleichtern. Wenn ihnen niemand erklärt, dass es Krankheiten verursachen kann und menschliche Fäkalien dadurch möglicherweise in die Wasserversorgung gelangen, werden Latrinen oft nicht benutzt.

Zu Beginn der Wasser-Dekade wurde viel über die Einbindung der lokalen Gemeinschaften gesprochen. Doch Menschen vor Ort wirklich einzubeziehen – also nicht nur zu reden, sondern auch zuzuhören – erfordert Arbeit, vor allem, wenn das Projekt von jemandem geleitet wird, der im Ausland sitzt. Das Tempo beim Bau von Brunnen wurde während der Wasser-Dekade enorm gesteigert. Zwar leisteten die meisten Nichtregierungsorganisationen (NGOs) für Wasser und sanitäre Einrichtungen auch ein bisschen Hygieneaufklärung, offenbar erreichten die Informationen aber nicht viele Menschen. Bei meiner Arbeit für den CRS klopfte ich an viele Türen und fragte, wann der Gesundheitsdienst das letzte Mal bei ihnen gewesen sei. Die Antwort lautete dann: »Welcher Gesundheitsdienst?«

Einige Organisationen begannen, sich diesen Problemen zu stellen, während andere ziemlich abwehrend reagierten. Sie sprachen es zwar nicht direkt aus, aber man hatte das Gefühl, sie dachten: *So, wir haben etwas Gutes getan und das Leben einiger Menschen verbessert. Das sollte ja wohl genügen!*

In gewisser Weise ist das auch verständlich. Aber wenn man die Wasserkrise erst einmal als massiven Angriff auf die soziale Gerechtigkeit betrachtet, für den die Welt dringend Verantwortung übernehmen muss, dann genügt es eben nicht.

Später lernte ich, dass genau diese Denkweise die Leute, die wir heute als »Social Entrepreneurs« bezeichnen, von denjenigen unterscheidet, die traditionellen wohltätigen Investitionsmodellen folgen: Social Entrepreneurs überprüfen ihre Bemühungen im Verhältnis zu ihren Zielen ständig und evaluieren permanent, ob die Lösungen auch den Anforderungen des Problems entsprechen. Sobald das nicht der Fall ist, entwickeln sie zügig neue Lösungen. Damals gab es den Begriff des Social Entrepreneurs allerdings noch gar nicht.

1989 verließ ich den CRS, um nach Denver zu gehen, just als sich die Wasser-Dekade ihrem Ende zuneigte. Rückblickend bemerkte ein führender Mitarbeiter der Weltbank im Jahr 1991, dass die Bemühungen »der Welt ein halb volles und ein halb leeres Glas Wasser hinterlassen« hätten.[27] Es gab durchaus Erfolge zu feiern: Dank erhöhter Aufmerksamkeit und klügerer Investitionen erhielten zwischen 1980 und 1990 1,3 Milliarden Menschen erstmals Zugang zu sauberem Wasser, und 750 Millionen Menschen konnten zum ersten Mal eine Toilette nutzen.[28] All den Witzen über die von den Vereinten Nationen ausgerufenen Tage, Monate, Jahre und Dekaden zum Trotz (nicht zu vergessen der Welt-Thunfisch-Tag am 2. Mai!), kann es also tatsächlich etwas bewirken, ein gemeinsames Ziel zu benennen, und mit vereinten Kräften darauf hinzuarbeiten.

Bei allen Erfolgen gab es 1990 aber immer noch 1,2 Milliarden Menschen ohne Zugang zu sauberem Wasser, im Vergleich zu 1,8 Milliarden im Jahr 1980. Und 1,7 Milliarden Menschen hatten keinen Zugang zu einer Toilette – fast genau so viele wie 1980. Wie konnte das sein? Uns dämmerte, dass unsere Bemühungen nicht mit dem Bevölkerungswachstum Schritt halten konnten. Es ist ironisch, ja pervers, aber auch wenn wir Fortschritte machten, traten wir auf der Stelle. Die Staaten hatten nicht die Mittel, um ihre Bemühungen zu verstärken. Zudem sorgte die »Buy American«-Vorgabe für viel Verschwendung, weil teure Teile verschifft und teure Flugtickets gekauft werden mussten, um teure amerikanische Ingenieure einzufliegen. Auch andere globale Probleme trieben die Kosten in die Höhe: Die zunehmenden Umweltschäden durch die Industrialisierung machten es schwieriger und teurer, sauberes Wasser zu finden. Zudem erlebte die Weltwirtschaft Anfang der 1980er-Jahre einen Abschwung, aufgrund dessen viele Regierungen und NGOs weniger Mittel für die Wasser- und Sanitärversorgung aufwenden konnten.

Wir hatten allen Grund zu der Annahme, dass die Bevölkerung weiterwachsen und die Brunnen, die im Laufe eines Jahrzehnts gebaut worden waren, weiterhin kaputtgehen würden, sobald Mittel und Aufmerksamkeit der UN für die Wasserkrise versiegten. Die Wasser-Dekade war ein Anfang gewesen. Gleichzeitig aber schien das Jahr 1990 auch schon ihr Ende zu markieren.

Es brauchte also eine neue Strategie zur Bekämpfung der Krise. Und vielleicht war es für unsere kleine NGO, die noch in den Kinderschuhen steckte, etwas verwegen zu glauben, dass wir das übernehmen und die Herangehensweise verändern könnten, aber ich habe schon immer dazu geneigt, mich in die Lösung von Problemen zu stürzen – es zumindest zu versuchen, ohne mich gleich mit all den Herausforderungen zu befassen, die da kommen könnten. Will man etwas in der Welt verändern, muss man einfach tun, was ansteht, um die erste Hürde zu überwinden, und wenn man dann die nächste Hürde vor sich sieht, wird man schon einen Weg finden, wie man auch diese überwindet.

Diese Erfahrung hatte ich vor langer Zeit zum ersten Mal in der Highschool gemacht, als die Schulleitung das Fußballtraining einstellte. Ich war verzweifelt. Ich hatte keine Ahnung, wie ich diese Entscheidung rückgängig machen konnte, aber ich machte mich trotzdem an die Arbeit. Ich stellte einen Plan sowie ein Budget für die Fortsetzung des Trainings auf und schaffte es irgendwie auf die Tagesordnung des Schulausschusses, um mein Anliegen vorzutragen. Er stimmte zu – die erste Hürde war genommen! Aber die Mittel für einen neuen Trainer wurden nicht bewilligt. Also trainierte ich das Team in meinem letzten Schuljahr selbst – es ist ganz erstaunlich, wie viel Spielzeit man hat, wenn man Spielertrainer ist …

Später im College hörte ich von einem Programm, das ein ehemaliger Pfarrer meiner Schule an einer anderen Universität ins Leben gerufen hatte, um Studierende der Geisteswissenschaften als Freiwillige in die ganze Welt zu schicken, wo sie Wassersysteme, Schulen und Gesundheitseinrichtungen bauen sollten. Die Sache erwies sich jedoch als Herausforderung, weil es den Geisteswissenschaftlern an technischem Wissen fehlte.

Also gründete ich das Student Engineering Network for International Technical Assistance (SENITA; vielleicht hätte ich die Geisteswissenschaftler bitten sollen, sich einen besseren Namen auszudenken). Ich rekrutierte weitere Studierende, die sich bewerben wollten, Professoren, die uns berieten, und Ingenieursfirmen, die unsere Bemühungen sponserten. Die erwähnte Reise nach Guatemala kam übrigens nur dank SENITA zustande.

Ich war mir nicht bewusst, auf welche Gefahren wir uns dabei einließen. In Guatemala wurde ich von einem Rudel streunender Hunde angefallen und brauchte eine Tollwutimpfung. An dem Tag, an dem ich nach Hause fliegen sollte, stürzte in Guatemala ein Flugzeug ab. Meine Familie war außer sich, bis sie erfuhren, dass es ein anderes Flugzeug gewesen war. Meine Mutter führte daraufhin eine Regel ein: Immer wenn ich wohlbehalten wieder im College ankam, sollte ich persönlich (damals noch über die Vermittlung) zu Hause anrufen und nach Chester fragen. Meine Mutter antwortete dann jedes Mal, er könne nicht sprechen, also wurde die Verbindung getrennt. So wurde mir der Anruf nicht berechnet, aber die Nachricht gesendet und empfangen: Ich war in Sicherheit. Und sie brauchte nicht einmal zu lügen: Chester war tatsächlich nie zu sprechen – er war der Familienhund.

Letztendlich kam beim Aufbau von SENITA niemand zu Schaden, und die Arbeit war ein großer Erfolg – ich wurde sogar von der Lokalzeitung und einem Fernsehsender zu unserem Programm interviewt. Bis zur Gründung von IPSW lernte ich, dass man ein großes Problem am besten angeht, indem man sich nicht einschüchtern lässt und sich einfach an die Arbeit macht.

Bei IPSW, das wir in einem Anfall von Inspiration oder gesundem Menschenverstand bald in WaterPartners umbenannten, begannen wir mit der Ausarbeitung einer neuen Strategie zur Bekämpfung der Wasserkrise. WaterPartners klang nicht nur freundlicher; Partnerschaften – insbesondere mit lokalen Organisationen, die Wassersysteme aufbauten – wurden tatsächlich auch zum Kern unserer Strategie. Unsere Partner verfügten über die Expertise vor Ort, sie wussten, wie man lokale Wasserquellen anzapfte, Wassersysteme entwarf, die von der Gemeinschaft gewartet werden konnten, und wie man am besten mit den Menschen über Hygiene sprach, sodass man sie auch erreichte.

Die Idee lokaler Partnerschaften ist natürlich nicht unsere Erfindung. Aber viele der bisherigen Partnerschaften im Bereich Wasser und Sanitär zwischen NGOs und lokalen Wasserorganisationen waren eher flüchtige Affären denn dauerhafte Beziehungen. Geber und NGOs scheuten die enormen Anstrengungen einer gründlichen Suche nach den besten lokalen Partnern, und dementsprechend erwiesen sich die Partnerschaften – vielleicht unvermeidlich – auch als nicht sehr langlebig. Entweder kamen die lokalen Partner mit der Umsetzung nicht hinterher, oder die NGOs entdeckten ein aufregenderes neues Projekt und leiteten ihre Mittel dorthin um, sodass die lokalen Partner auf der Strecke blieben.

WaterPartners legte daher mehr als wahrscheinlich jede andere NGO in diesem Bereich Wert darauf, die besten lokalen Partner zu identifizieren und eine langfristige, enge Zusammenarbeit aufzubauen. Unser Auswahlverfahren war extrem streng – wir prüften etwa zwanzig Gruppen, bevor wir uns für eine Zusammenarbeit entschieden. Aber wer einmal zu unseren zertifizierten Partnern gehörte, der blieb es auch, solange er gute Arbeit leistete.

Sobald wir lokale Partner gefunden hatten, entwickelten wir mit ihnen zusammen ein möglichst einfaches Wassersystem. Egal, ob wir einen Brunnen bohrten, Rohrleitungen bauten oder Regenwasser auffingen – wir verließen uns zur Wasserförderung auf Handpumpen oder die Schwerkraft und nicht auf komplizierte, elektrisch betriebene Lösungen. Wir verwendeten Materialien, die vor Ort vorhanden waren, und beschäftigten einheimische Arbeiter, sodass sie bei Problemen in der Lage waren, sie zu beheben. Und wir arbeiteten mit der Community zusammen und stellten sicher, dass sie ein Wasserkomitee wählten, das den Brunnen verwaltete und wusste, wie man Gebühren – üblicherweise Wassertarife genannt – von allen eintrieb, damit das System unterhalten werden konnte.

Für viele Menschen klingt »Einbindung der Community vor Ort« nach einer diffus wohltätigen Angelegenheit, aber wir nahmen das Vorhaben sehr ernst. Ich erinnere mich an ein Fest in einer Stadt in Haiti – eine Art Einweihungsfeier für ein Wassersystem, das unsere Partner mit aufgebaut hatten. Es gab ein großes Buffet mit Erfrischungen, und eine Marschkapelle spielte auf. Unsere Partner und wir setzten uns mit den Projektverantwortlichen zusammen und stellten die üblichen Fragen: Wer würde die Gebühren von den Bürgern einsammeln? Wo sollte das Geld verwahrt werden? Gab es ein Bankkonto? Meist hatten die Verantwortlichen Antworten auf diese Fragen, aber damals folgte nur Schweigen. Wir erkundigten uns nach dem System selbst: Wer vor Ort wusste, wie man die Ventile bediente? Wieder keine Antwort.

Das war ein extrem peinlicher Moment (ehrlich gesagt war

es schrecklich). Einerseits hatte ich das Gefühl, dass die Höflichkeit es erforderte, die Zeremonie fortzusetzen, Peinlichkeiten zu vermeiden und dann lieber später Schadensbegrenzung zu betreiben. Aber als ich so dastand und darüber nachdachte, schien mir die Feier zur Installation eines Wassersystems, von dem wir wussten, dass es nicht funktionieren würde, dass es sein Versprechen gegenüber der lokalen Community nicht einlösen konnte, kein Akt des Mitgefühls, sondern als ein Akt der Gönnerhaftigkeit, als ob die Fassade mehr zählte als sauberes Wasser. Offensichtlich wartete auf uns, die Verantwortlichen und unsere Partner vor Ort noch einige Arbeit. Nach kurzer Beratung übernahmen unsere Partner die unangenehme Aufgabe zu verkünden, dass die Eröffnung verschoben werden musste, und schickten die Kapelle nach Hause.

Es war eine schwierige Situation. Beim Gedanken daran zieht sich bei mir immer noch alles zusammen. Trotzdem war es die richtige Entscheidung. Ich dachte viel darüber nach, was mir durch die Lappen gegangen war, und nahm mir vor, in Zukunft noch gründlicher zu sein.

Glücklicherweise passieren solche Situationen nur selten (normalerweise sind wie gesagt nur fünfzig Prozent der Wasserprojekte langfristig erfolgreich;[29] bei WaterPartners lag die Quote bei über neunzig Prozent). Die meisten Feste zur Einweihung von Wasserprojekten, an denen ich teilnahm, waren also freudige Anlässe – und die Freude überdauerte die Feiern bei Weitem. Das Leben der Familien in den Communities änderte sich grundlegend. Frauen bekamen ihre Zeit zurück – Zeit, in der sie einer bezahlten Arbeit nachgehen konnten und nicht nur Wasser heranschleppen mussten. Mehr Mädchen konnten zur Schule gehen, und es starben weniger Kinder unnötigerweise an Krankheiten, die durch Wasser übertragen wurden.

Und es gab auch eine reine Freude am Wasser selbst. Wenn eine Gemeinschaft endlich Zugang zu einer sauberen Wasserquelle bekommt und das Gefühl entwickelt, dass die Versorgung gesichert ist und Wasser auch nicht mehr knapp bemessen, fangen die Leute irgendwann an, zunächst zögerlich, sich zur Abkühlung das Gesicht mit etwas Wasser zu benetzen, sich dann gegenseitig zum Spaß nass zu spritzen, es durch ihre Hände fließen zu lassen, darüber zu staunen und in Verzückung zu geraten. Was früher stets mit Stress, Krankheit und sogar Tod in Verbindung gebracht wurde, ist plötzlich eine Quelle der Erfrischung und Erleichterung.

Zu solchen Festen brachte ich immer ein Transparent mit, das meine Frau gemacht hatte. Darauf stand der Slogan von WaterPartners, auf Spanisch: »Del agua proviene la vida.«

»Aus Wasser entspringt das Leben.«

Ich wusste, dass der einfachere Zugang zu Wasser die Communities verändern würde. Aber dass das bereits durch den Bau der Wasserprojekte geschah, überraschte mich. Die Projekte waren ja eben nicht das Werk amerikanischer Ingenieure, die herbeigejettet kamen, einen Platz frei räumten, einen Brunnen bohrten und dann weiterzogen. Die Projekte waren im wahrsten Sinne des Wortes Teamarbeit. Mit unserer Unterstützung bauten und betrieben die Communities selbst Schwerkraft-Wassersysteme – dafür mussten die Nachbarn zusammenkommen und zu ihrem gemeinsamen Nutzen zusammenarbeiten.

Ich wünschte, ich könnte dieses Gefühl der gemeinsamen Verantwortung und gemeinsamen Chance auch in den USA öfter erleben. Es waren nicht einfach nur Wasserprojekte. Es war Demokratie in Reinform. Die Wahl der Mitglieder für den Wasserausschuss war für viele Menschen in den Ortschaften die erste Wahl überhaupt.

Der Zugang zu sauberem Wasser veränderte die Muster des Zusammenlebens in den Gemeinschaften umfassender, als wir ermessen konnten (so gerne Ingenieure auch messen). Eine der wichtigsten und inspirierendsten Veränderungen betraf die Rolle der Frauen. Ein Mangel an sauberem Wasser trifft die Frauen innerhalb einer Gemeinschaft immer am härtesten. Die Auswirkungen sind demütigend und viel mehr noch: ungerecht. Sie berauben die Frauen ihrer Handlungsfähigkeit und Macht: Wissen ist Macht, heißt es, aber ein Mangel an sauberem Wasser hält Mädchen von Schule und Bildung fern. Auch Geld verleiht Macht, aber der Wassermangel hindert Frauen daran, ihr eigenes Einkommen zu verdienen. Die Installation einer sauberen Wasserquelle stellte die Situation auf wunderbare Weise auf den Kopf: Da Wasser als Frauensache gilt, wurden Frauen in viele der Wasserausschüsse gewählt, teilweise sogar als Vorsitzende – was ihnen Macht über die lebenswichtigste Ressource der Community verlieh. Einige Frauen gründeten Gruppen, die sich um die öffentliche Gesundheit kümmerten, und sorgten dafür, dass das Wasser nicht versiegte. Einst hatte die Quelle ihrer heutigen Macht für ihre Ohnmacht gesorgt – sprach man jetzt mit ihnen, war die Veränderung in ihrem Verhalten unübersehbar. Nie werde ich vergessen, wie ich eine Gruppe, die ausschließlich aus Frauen bestand, fragte, ob ein Mann an einem ihrer Treffen teilnehmen könne.

»Ja, natürlich«, war die Antwort. »Wenn er leise ist und hinten sitzt.«

Ich freute mich riesig über die Fortschritte von WaterPartners. Aber eine große Sache kam uns immer wieder in die Quere: Geld.

Für mich war es stets einfacher, die eigentliche Arbeit zu machen, als in der Öffentlichkeit darüber zu reden. Vorträge und Interviews kosteten mich einiges an Nerven. Noch schwerer fiel es mir, Menschen um ihr hart verdientes Geld zu bitten. Aber ich wusste, dass ich da durchmusste. Spendengelder sind für eine NGO existenziell. Immer wenn ich mal wieder all meinen Mut zusammennahm, dachte ich an eines meiner Lieblingszitate: »Das Böse gedeiht, wenn gute Menschen nichts tun.« Das gab mir die Motivation, immer wieder von unserer Arbeit zu berichten, und im Laufe der Jahre wurde ich allmählich besser darin.

Anfangs wuchsen wir nur langsam: Wir dehnten die Abendessen in Kansas City und Chapel Hill auf andere Städte in den USA aus und baten in Briefen um weitere Spenden. Als wir Erfolg damit hatten, warben wir auch um größere Investoren wie beispielsweise Stiftungen. Einmal stellte uns eine Einzelperson einen Scheck über 25 000 Dollar aus. Ich konnte es nicht glauben. Es war das Fünffache dessen, was wir im vorherigen Jahr insgesamt eingenommen hatten.

Dank der finanziellen Unterstützung konnten wir uns professionalisieren. Wir gründeten unser erstes Headquarter – auch wenn das vielleicht etwas hochtrabend klingt: Unser sogenanntes HQ war ein ausgebautes Dachgeschoss in Beckys und meinem Haus in Chapel Hill. Trotzdem fühlte es sich wie ein Büro an. Mit »bauen« meine ich allerdings nicht, dass eine Baufirma die Arbeiten erledigte. An einem Samstag nahmen wir mit einem Team von Freiwilligen das halbe Dach unseres Hauses auseinander und zimmerten unser Büro hinein. Ich zahlte mir auch ein Gehalt: 100 Dollar pro Monat. Und wir erstellten eine Website, da das Internet allmählich an Bedeutung gewann. Einem Impuls folgend registrierte ich den Namen einer Domain, der meiner Meinung nach den Nagel auf den Kopf traf: Water.org.

Bis zum Jahr 1998 hatte WaterPartners 250 000 US-Dollar eingesammelt. Für jemanden, der jedem einzelnen Dollar hinterhergejagt war, fühlte sich das nach einer ganzen Menge an. Um unsere Finanzierung weiter aufzustocken, hätte der einfachste Weg über die Beantragung staatlicher Zuschüsse geführt. Aber den Weg wollte ich nie einschlagen. Vielleicht war ich von der Entwicklungshilfe im Bereich Wasser und Sanitär, wie ich sie in den 1980er-Jahren kennengelernt hatte, desillusioniert. Meinem Gefühl nach würden uns die Zuschüsse dazu zwingen, den Anweisungen anderer Leute Folge zu leisten, egal, wie fehlgeleitet sie auch sein mochten, statt immer weiter nach besseren Wegen und Lösungen zu suchen. WaterPartners sollte unabhängig über die eigene Zukunft entscheiden können, also suchten wir weiter nach privaten Spendern.

Die Person, die uns einen unserer größten Durchbrüche bescherte, hatte just ihren eigenen erlebt: die Sängerin Jewel. Ja, genau *die* Jewel – die Sängerin von *Who Will Save Your Soul*, die Mitte der 1990er-Jahre eines der meistverkauften Debütalben aller Zeiten herausbrachte. Jewel war in Alaska in einem

Haus ohne fließendem Wasser und mit einem Plumpsklo auf dem Hof aufgewachsen. Von Jewels Interesse am Thema erfuhr ich durch Marla, die sich mit ihr in Verbindung setzte. Jewel stimmte einem Treffen mit uns zu, und mit der Zeit entwickelte sich eine großartige Zusammenarbeit mit ihrer Organisation The Clearwater Project. Sie sagte WaterPartners 400 000 Dollar über einen Zeitraum von drei Jahren zu, wofür wir ihr extrem dankbar waren. Für NGOs ist so eine längere Finanzierung ein Rettungsanker – man kann planen und vorausschauend investieren.

Aber dann kam Napster. Hätten wir einen Unternehmensberater nach den größten finanziellen Risiken gefragt (was wir nicht taten), wäre eine Website für Musikpiraterie sicher nicht auf der Liste gewesen. Aber als Napster es den Leuten ermöglichte, Musik kostenlos herunterzuladen, stellte das die gesamte Musikindustrie auf den Kopf, viele Künstlerinnen und Künstler sahen sich ihrer Tantiemen beraubt, und plötzlich war Jewels – und damit auch unser – Geld einfach weg. Napster brachte also nicht nur das Musikgeschäft völlig durcheinander, sondern riss auch ein gigantisches Loch in das Budget einer kleinen NGO. Mir blieb nichts anderes übrig, als mit meinem alten Kombi über Land zu tuckern, ehemalige Spender zum Essen einzuladen und sie zu bitten, uns erneut mit Zuwendungen zu unterstützen.

Die Napster-Lücke füllte schließlich Wynette LaBrosse, die mit ihrem Mann ein Technologieunternehmen namens Finisar gegründet hatte. Auf meiner Fundraising-Tour arrangierte jemand ein Abendessen mit ihr in Palo Alto, und sie sagte uns eine Summe zu, die noch etwas über der von Jewel lag.

Bald darauf versiegte jedoch auch diese Finanzierung.

Dann sprang die Michael and Susan Dell Foundation ein und unterstützte uns mit der bis dahin größten Spende.

Die Technik hat's gegeben, die Technik hat's genommen, die Technik hat's erneut gegeben.

Die Spenden nahmen zwar im Laufe der Jahre zu, aber gefühlt waren es doch nie genug. Immer gab es jede Menge großartige Projekte, die in Angriff genommen werden wollten, unzählige Projekte, die Leben verändern konnten, so viele Projekte, die wir unbedingt finanzieren wollten – aber nicht konnten, weil uns das Geld fehlte.

Damals nahm ich an, das sei ein spezifisches Problem von WaterPartners. Mit besserem Fundraising würden wir das Problem lösen können, dachte ich. Und sicherlich war bei meiner Werbestrategie noch Luft nach oben. Heute habe ich begriffen, dass unsere Schwierigkeiten sinnbildlich für eine Herausforderung standen, die größer war, als wir uns das überhaupt vorstellen konnten.

Optimistische Schätzungen gehen heute davon aus, dass die Lösung der Wasserkrise 114 Milliarden Dollar pro Jahr über einen Zeitraum von zehn Jahren erfordern würde.[30] Derzeit beläuft sich die gesamte globale Entwicklungshilfe, die in die Wasser- und Sanitärversorgung fließt, auf etwas mehr als 28,4 Milliarden Dollar pro Jahr. Das bedeutet, dass uns in den nächsten zehn Jahren 860 Milliarden Dollar fehlen.[31]

David Bornstein, Journalist der *New York Times*, verglich den Versuch, der Wasserkrise mithilfe von wohltätigen Brunnenprojekten Herr zu werden, einmal mit dem Ansatz, »die Verkehrsprobleme der Welt mit der Maxime ›adoptiere eine Autobahn‹ zu lösen«.[32] Mit anderen Worten: viel Glück.

Angesichts der Erkenntnis, dass der eigene Ansatz zum Scheitern verurteilt ist, fühlt man sich schnell entmutigt. Aber auf eine Art ist es auch aufregend. Es zwingt einen dazu, ein bekanntes Problem aus neuen Blickwinkeln zu betrachten. Und macht so ein komplettes Umdenken möglich.

3

DIE GROSSE IDEE

Gary White

Ein großer Durchbruch entsteht durch technologischen Fortschritt – davon war ich als Ingenieur schon immer überzeugt. Bei mir stimmte das allerdings nicht. Der Durchbruch, der alles auf den Kopf stellte, was ich über die Wasserkrise zu wissen glaubte, ereignete sich 2003 bei einem Besuch in der indischen Stadt Hyderabad, als ich mit einer Slumbewohnerin sprach.

Unangenehmerweise habe ich ihren Namen vergessen, aber damals war mir die Bedeutung des Augenblicks einfach noch nicht klar. Ich habe ihr Bild noch genau vor meinem inneren Auge. Sie war schon etwas älter – in den Siebzigern, würde ich schätzen –, und man merkte ihr an, dass ihr Bewegungen oft Schmerzen bereiteten. Der Slum, in dem sie ihre Hütte hatte, lag an einem felsigen Hang, der so zerklüftet und steil war, dass er offizielle Bauunternehmer definitiv abgeschreckt hatte.

Aus der Ferne sahen die Hütten aus, als wären sie übereinandergestapelt.

In dem Slum gab es keine öffentlichen Toiletten, und nur wenige Menschen hatten Klos zu Hause. Um die Fäkalien von den Häusern fernzuhalten, stiegen die Bewohnerinnen und Bewohner hinab, um sich am Fuße des Hügels in der Nähe der Bahngleise zu erleichtern.

Die Männer taten das zu jeder Tageszeit, wann immer sie das Bedürfnis verspürten. Die Frauen waren jedoch mehr auf ihre Privatsphäre bedacht, teilweise auch aus Angst. Bei sexueller Gewalt gegen Frauen steht Indien weltweit an erster Stelle, bei nicht-sexueller Gewalt an dritter. Für indische Frauen, die keinen Zugang zu Toiletten haben, ist die Wahrscheinlichkeit, von einem Fremden sexuell angegriffen zu werden, mehr als doppelt so hoch als bei Frauen mit Zugang zu Toiletten.[33,34] Deshalb gingen die Frauen auch hier meist nur im Schutz der Dunkelheit nach unten – was wiederum bedeutete, dass sie sich den ganzen Tag den »Toilettengang« verkniffen, indem sie weniger aßen und tranken. Mitten in der Nacht kletterten sie dann den Berg hinunter – ohne Straßenlaternen oder Taschenlampen, die ihnen den Weg zwischen den Felsen hätten leuchten können.

Das wäre für jeden Menschen gefährlich. Aber für diese Frau bedeutete der Abstieg auch physische Schmerzen. Ihr Körper war der Aufgabe einfach nicht mehr gewachsen. Deshalb hatte sie sich in ihrem Haus eine Toilette einbauen lassen. Wie sie das geschafft habe, fragte ich sie – die Installation von Toiletten kostet in Indien normalerweise ein paar Hundert Dollar, und Menschen, die in Armut leben, haben selten so viel Geld angespart. Sie erzählte mir, dass sie sich Geld geliehen habe, und wie viel es sie jeden Monat koste, den Kredit zurückzuzahlen.

Ich rechnete den Zinssatz im Kopf aus. Dann rechnete ich noch mal nach. Da musste ein Fehler vorliegen, dachte ich. Einige Jahre zuvor hatte ich mir selbst Geld geliehen, um ein Haus zu kaufen. Der Zinssatz hatte bei etwa fünf Prozent gelegen. Diese Frau hatte einen Minikredit aufgenommen, ein Bruchteil meines Hauskredits. Aber der Zinssatz lag bei sagenhaften einhundertfünfundzwanzig Prozent.

Wie war das möglich? Ich konnte ohne große Schwierigkeiten eine faire Finanzierung für ein Haus mit drei vollausgestatteten Badezimmern bekommen – und diese Frau, die nur ein einziges Klo wollte, um ihrer täglichen Pein ein Ende zu setzen, fand anders als ich keine Bank, die ihr das nötige Geld lieh. Stattdessen war sie den Kredithaien ausgeliefert.

Auf dem Rückflug dachte ich darüber nach, was passiert, wenn Menschen wie ich, die im Bereich Wasser und Sanitär arbeiteten, das Leid solcher Leute zu Gesicht bekamen. Bei der Slumbewohnerin, die sich in die Abhängigkeit von Kredithaien begeben hatte, waren wir der Meinung, dass sie Almosen brauchte. Also gingen wir als wohltätige Organisation hin und hatten die Lösung im Gepäck – allerdings ziemlich unzureichend und quälend langsam.

Diese Frau hatte mir jedoch gezeigt, dass sie nicht darauf angewiesen war, dass irgendwann jemand daherkam und ihre Wasser- und Sanitärprobleme für sie löste. Was sie brauchte, war jemand, der Geld zu fairen Bedingungen bereitstellte, damit sie die Probleme selbst lösen konnte.

Wohin mich diese Erkenntnis gebracht hat, erkläre ich gleich im Folgenden. Doch vorab gilt es etwas sehr Wichtiges zu wissen, was das Gespräch im Slum damals sehr deutlich machte: Menschen, die in Armut leben, zahlen absurd hohe Preise für Wasser. Meist zahlen sie sogar weit mehr als solche, die aus der Mittelschicht stammen und an die Wasserversorgung angeschlossen sind. Und das gilt unabhängig davon, ob es um Städte oder ländliche Gebiete geht, um wasserreiche oder wasserarme Regionen.

Die meisten Menschen, die in Slums leben, bekommen ihr Wasser von Tankwagen geliefert. Das kann man sich wie einen riesigen Schwarzmarkt für Wasser vorstellen, manchmal auch einen grauen Markt – die Tankwagen liefern oft unter Duldung der örtlichen Behörden, die darin die einzige Möglichkeit sehen, die Menschen mit Wasser zu versorgen.

Auf jeden Fall wird auf Kosten der Armen sehr viel Profit gemacht. Die Preise für Wasser aus Tankwagen sind zehn bis fünfzehn Mal höher als das, was Menschen zahlen, die an die Wasserversorgung angeschlossen sind und Wasser aus dem Hahn bekommen. In Mumbai ist das Wasser aus den Tankwagen *zweiundfünfzig Mal* teurer als aus der Leitung.[35] Ich habe Menschen getroffen, die zwanzig Prozent ihres Einkommens für Wasser ausgeben. Für einen durchschnittlichen US-amerikanischen Haushalt mit einem Einkommen von 60 000 Dollar wären das etwa 12 000 Dollar im Jahr, nur für Wasser. Selbst wenn man den Kühlschrank mit Evian-Flaschen füllte und mehrere Liter pro Tag tränke, käme das billiger. Für Menschen, die in Armut leben, sind das erdrückende Kosten, aber sie müssen zahlen – ihr Überleben hängt davon ab. Eine Frau, die ihr Wasser von einem Tankwagen bezieht, drückte es so aus: »Wir zahlen, egal, was es kostet. Wir haben keine andere Wahl.«[36]

In denselben Gegenden zahlen Familien, die sich keine Toilette leisten können, manchmal mehrmals am Tag aus eigener Tasche für öffentliche Latrinen und geben im Laufe ihres Lebens auf diese Weise deutlich mehr für sanitäre Anlagen aus, als die Installation einer Toilette kosten würde. Andere sparen sich das Geld für öffentliche Sanitäranlagen, indem sie sich im Freien erleichtern – was wiederum, wie bereits erwähnt, genau das Trinkwasser verunreinigt, für das sie so hohe Preise zahlen. Das wiederum beschert den Menschen weitere Kosten, nämlich Arztrechnungen. In einigen Slums kostet ein Krankenhausbesuch fast fünfzehn US-Dollar – wenn man von zwei Dollar am Tag lebt, ist das mehr als ein Wochenlohn.

Arm sein ist teuer.

Diese Ausgaben nennt man »Bewältigungskosten« – die enorme Menge Geld, die jeden Tag verschwendet wird, meist von den Ärmsten der Welt, weil die Mittel für eine nachhaltigere Lösung fehlen.

Vermutlich sind diese Kosten sogar noch zu niedrig veranschlagt, denn Bewältigungskosten werden nicht nur in Geld, sondern auch in Zeit beglichen. Genau darum ging es in meiner Abschlussarbeit. Ich habe versucht, die Kosten für die aufgrund der fehlenden Wasser- und Abwasserinfrastruktur verlorene Arbeitszeit zu ermitteln – was fast ausschließlich Frauen betrifft, weil sie sich vorrangig um diese Dinge kümmern. Ich reiste damals mit einem Forschungsteam in die Slums um Tegucigalpa, Honduras. Wir besuchten verschiedene öffentliche Wasserstellen und dokumentierten die Zeit, die die Menschen zu Fuß für den Hinweg, das Warten auf Wasser und den Heimweg brauchten. Auf Grundlage lokal entrichteter Löhne ermittelten wir, wie viel die benötigte Zeit real wert war. Dann verglichen wir die Kosten für die Installation eines Wasseranschlusses mit dem Wert der Arbeitszeit, die jeder Wasserhahn einsparen würde, und berechneten, wie viele Wasseranschlüsse die Stadt bauen sollte. Wir kamen zu dem Ergebnis, dass praktisch jeder Haushalt einen Zugang haben müsste.

Die Menschen gehen, stehen und warten also den ganzen Tag, nur um irgendwie an Wasser zu gelangen. Sie schleppen stundenlang Wasser. Sie zahlen exorbitant hohe Preise für verschmutztes Wasser, sie bezahlen die daraus resultierenden Krankenhausrechnungen, sie zahlen unfassbare Zinssätze an Kredithaie – alles nur, um irgendwie zurechtzukommen. Jedes Jahr geben Menschen weltweit 300 Milliarden US-Dollar für Bewältigungskosten aus. Führt man sich das vor Augen, erscheint die Wasserkrise nicht mehr als Angelegenheit, der mit Spenden beizukommen ist. Vielmehr scheint es hier um ein Versagen des Marktes zu gehen. Es zirkuliert ja Geld im System – sehr viel Geld sogar –, nur wird es verschwendet und falsch eingesetzt. Könnten die Bewältigungskosten umgelenkt werden – weg von kurzfristigen, ineffektiven Lösungen wie kontaminiertes Wasser aus Tankwagen hin zu dauerhaften, kosteneffizienten Lösungen wie Wasseranschlüsse in Häusern –, dann hätten die Menschen die Chance, viel mehr zu tun, als nur irgendwie zurechtzukommen. Sie könnten den Umständen, die sie ihr ganzes Leben lang gefangen gehalten haben, trotzen und ihnen vielleicht eines Tages sogar ganz entrinnen.

Ich hatte mehr als ein Jahrzehnt damit verbracht, vor allem in den USA die Leute davon zu überzeugen, in die Beendigung der Wasserkrise zu investieren. Dabei liefen die Menschen, die am ehesten zu Investitionen bereit und dazu auch in der Lage waren, bei meinen Reisen die ganze Zeit vor meiner Nase herum. Ich hatte sie nur nicht wahrgenommen.

Plötzlich nahm eine Idee Gestalt an, eine simple Idee. Wenn Menschen, die in Armut leben, einen kleinen, fairen Kredit bekämen, könnten sie damit nachhaltigere Lösungen finanzieren. Und dann könnten sie einen Teil des Geldes, das sie sonst für Bewältigungskosten ausgegeben hätten, für die Rückzahlung des Kredits verwenden.

Warum Geld verleihen? Warum nicht einfach als Geschenk, als Spende? Eine berechtigte Frage, aber ich kannte die Antwort bereits, da ich jahrelang Fundraising betrieben hatte, um mehr Projektgelder vergeben zu können: Es ist nie genug. Gibt man es einmal aus, ist es für immer weg, und irgendwann geht es zurück auf Los. Das Schöne an einem Kredit ist, dass er zurückgezahlt wird. Und dann kann dasselbe Geld gleich wieder hinaus in die Welt und jemand anderem helfen und so weiter. Auf diese Weise nützt ein kleiner Kredit viel mehr Menschen als ein Zuschuss in gleicher Höhe.

Dieser Gedanke schien auf den ersten Blick fast zu offensichtlich. Für einen Ingenieur ist das meist ein gutes Zeichen: Je einfacher ein Plan, desto größer die Chance, dass er tatsächlich funktioniert. Aber es kann auch ein Warnhinweis sein. Denn wenn die Idee so offensichtlich ist, warum macht das dann noch niemand? Die finanziellen Dynamiken rund um Wasser und Sanitär waren ja kein Geheimnis – bei meinem Studium an der University North Carolina in Chapel Hill ging es mindestens genauso häufig um finanzielle wie technische Probleme. Ein Großteil der Forschung in meinem Bereich wurde von der

Weltbank finanziert und befasste sich mit der »Zahlungsbereitschaft und -fähigkeit« für Wasser- und Sanitärdienstleistungen. Die Wissenschaftler hofften durch Forschung und Analyse neue, finanzierbare Lösungen für die Krise aufzeigen zu können.

Je länger ich darüber nachdachte, desto mehr war ich davon überzeugt, dass es funktionieren würde. Aber ich wollte nicht vorschnell *Heureka!* rufen. Vielleicht gab es einen Haken, vielleicht hatte ich etwas übersehen. Ich wollte meine Idee erst im echten Leben testen, sie vor meinem wissenschaftlichen Hintergrund abklopfen und Fakten sammeln.

Unser erster Anlauf zeigte, wie schwierig die Umsetzung sein konnte. Bei einer unserer Partner-NGOs in Kenia quollen die Ordner mit Anträgen für kommunale Wasserprojekte über – viel mehr, als sie in absehbarer Zeit finanziert bekommen konnten. 2003 probierten wir deshalb einen neuen Ansatz aus: Wir verliehen Geld an einige NGOs, die ihrerseits Kredite an die Communities vergaben. Die Dörfer hatten die Wahl: Sie konnten weiter Jahre oder sogar Jahrzehnte auf einen kostenlosen Brunnen warten oder sofort einen bauen – unter der Bedingung, die Installationskosten im Laufe der Zeit zurückzuzahlen, sobald der Brunnen in Betrieb genommen worden war. Theoretisch ergab das durchaus Sinn: Sobald es einen Brunnen gab, mussten die Menschen nicht mehr für die Bewältigungskosten aufkommen und konnten – eine bezahlte Arbeit vorausgesetzt – zur Rückzahlung des Kredits beitragen, da das Dorf moderate Wassertarife erheben würde, sobald das Wasser sprudelte.

Mehrere Gemeinden entschieden sich für einen Kredit. Was folgte, war eine Katastrophe – oder eigentlich eine ganze Aneinanderreihung von Katastrophen. Es lief von Anfang an schief. In einem Dorf brauchte das Wassersystem, das wir bauten, Strom, und die Installation der Stromleitung verzögerte sich immer wieder. Das war nur eine von vielen Bauverzögerungen, wie sie in Entwicklungsländern häufig vorkommen. Die Kredite waren verzinst, und die Gemeinden nahmen nicht das Geld ein, das sie für die Tilgung brauchten – schließlich konnten sie den Menschen kein Wasser in Rechnung stellen, das nicht floss. Dann setzten die Gemeinden neue Verantwortliche für die Wassersysteme ein – Leute, die sich nicht verpflichtet fühlten, uns das Geld zurückzuzahlen, da es schließlich nicht sie gewesen waren, die den Kreditvertrag mit uns abgeschlossen hatten – warum sollten sie auch? Schließlich hatten wir zusammen mit unseren Partner-NGOs anderen Gemeinden in der Vergangenheit Wasserprojekte *kostenlos* finanziert. Welche Optionen hatten wir, wenn sie sich weigerten, zu zahlen? Weder wir noch unsere Partner hatten viel in der Hand, um die Vereinbarungen in Kenia rechtlich durchzusetzen.

Schlussendlich bekamen wir etwa fünfzig Cent pro Dollar zurück. Wir lernten, dass die Vergabe von Krediten – vor allem in extrem armen Ländern – wirklich schwierig ist. Die Menschen müssen davon überzeugt sein, dass sie das Geld wirklich zurückzahlen *müssen*, was bei einer NGO immer schwierig sein wird. Zudem braucht man ein enormes Fachwissen, um die Risiken zu bewerten, einzukalkulieren und dann alle denkbaren Schritte zur Risikominimierung zu unternehmen. Weder WaterPartners noch unsere Partner-NGOs verfügten über dieses Wissen.

Bald hatten wir bei WaterPartners ein neues Mantra: *Eine NGO ist keine Bank.*

Wir hatten den Haken gefunden.

Scheitern ist natürlich immer unangenehm. Aber damals fühlte es sich auch wie ein Fortschritt an. Man kann das Problem, das der eigenen Idee im Wege steht, schließlich nur dann lösen, wenn man es gefunden hat. Wir hatten gelernt, dass wir nicht wussten, wie man an diesen Orten nachhaltig Geld verleihen konnte. Die nächste logische Frage lautete folglich: *Wer wusste es dann?*

Hinter der Antwort auf diese Frage verbirgt sich eine großartige Geschichte. Wir machen daher einen kleinen Abstecher ins Jahr 1976 in ein Dorf im südlichen Bangladesch. Damals besuchte ein junger Wirtschaftsprofessor den Ort zu Forschungszwecken. Sein Name war Muhammad Yunus. Vielleicht klingelt es bei dem Namen – er erhielt später den Friedensnobelpreis für seine Arbeit, die er damals in ebenjenem Dorf begann.

Nachdem Yunus einige Jahre zuvor hatte mit ansehen müssen, wie eine Hungersnot das Land heimsuchte, hatte er beschlossen, sich auf Armutsbekämpfung zu konzentrieren, und war in jenes Dorf gekommen, um mit den ärmsten Bewohnern zu sprechen. Er unterhielt sich mit einer Frau namens Sufiya, die ihren Lebensunterhalt mit der Herstellung von Bambusmöbeln verdiente. Sie berichtete, dass sie nie genug Geld für das Rohmaterial hätte, sodass ein lokaler Händler ihr den Bambus lieh, unter der Bedingung, dass sie die Möbel an ihn zurückverkaufte. Der Händler achtete darauf, ihr gerade genug zum Überleben zu zahlen – aber nicht genug, um Geld zu sparen und selbst Bambus zu kaufen. Für Yunus war Sufiyas Situation eine Form von Sklaverei – und das nur, weil niemand ihr einen fairen Kredit geben wollte, der es ihr ermöglicht hätte, selbst Bambus zu kaufen und den Kreislauf der Abhängigkeit zu durchbrechen. Während des Besuchs hörte Yunus viele ähnliche Geschichten und bat eine seiner Assistentinnen herauszufinden, wer sich im Dorf in einer ähnlichen Situation befand und wie hoch der Kredit sein müsse, um sich daraus zu befreien.

Eine Woche später brachte sie ihm eine Liste mit zweiundvierzig Namen, und es fehlten gerade mal siebenundzwanzig Dollar. Nicht pro Person, sondern insgesamt, für die ganze Gruppe. »Das kann doch nicht wahr sein!«, entfuhr es ihm. »So viel Elend in all den Familien wegen siebenundzwanzig Dollar!« Er gab seiner Mitarbeiterin das Geld und sagte ihr, sie solle es den Bedürftigen unter der Bedingung leihen, es ihm zurückzuzahlen, wann immer sie könnten. Zinsen verlangte er keine.[37] Damit hatte Yunus zweiundvierzig Kredite vergeben, er erhielt das gesamte Geld innerhalb eines Jahres zurück.[38]

Natürlich verfügte er nicht über die Mittel, um das in großem Stil zu tun. Also ging er zur örtlichen Bank und fragte, ob sie bereit wären, derartige »Mikrokredite« zu vergeben. Beim Lachen des Bankangestellten wackelten fast die Wände. Arme Dorfbewohner könnten nicht mal ihren Namen schreiben, sagte er, und sie hätten keine Sicherheiten vorzuweisen – wie sollte die Bank ihnen da einen Kredit gewähren?[39] Also ging Yunus zum Vorgesetzten und handelte eine Lösung aus: Wenn er bürgte, würde die Bank die Kredite gewähren. Ein Jahr lang unterschrieb der Professor höchstpersönlich jeden Kreditantrag, den er den Dorfbewohnern gewährte. Muhammad Yunus hatte etwas entdeckt.

Nach und nach weitete er seine informelle Tätigkeit auf zwei Dörfer aus, dann auf zehn, dann auf hundert, bis er schließlich beschloss, eine eigene Bank zu gründen. Nach zwei Jahren intensiver Verhandlungen mit der Regierung von Bangladesch und der Zentralbank, die die Überzeugung des Bankers teilten, dass Menschen, die in extremer Armut leben, ihre Kredite niemals zurückzahlen könnten, erhielt Yunus die Genehmigung zur Gründung der Grameen Bank. Dort entwickelte er neue Techniken, die das Risiko der Kreditvergabe an Menschen in Armut mindern sollten. Die Grameen Bank teilte ihre Kredite beispielsweise in mehrere kleinere Raten auf, half bei der Bildung von Kreditnehmergruppen, die sich gegenseitig beraten und unterstützen konnten, und schickte jede Woche Abgesandte in die Dörfer, um Fragen zu beantworten und Zahlungen einzusammeln.[40]

Seine Strategie funktionierte. In einem Zeitraum von zwanzig Jahren arbeitete die Grameen Bank in 40 000 Dörfern in Bangladesch und vergab Kredite an 2,4 Millionen Kunden – fünf Prozent davon waren Frauen. Für viele dieser Frauen bedeutete bereits eine Kreditaufnahme an sich Empowerment. Die Professorinnen Rohini Pande und Erica Field betonen, es sei für eine Frau in Armut »vielleicht das erste Mal, dass sie mit der Welt außerhalb der häuslichen Sphäre und, sehr wichtig, mit anderen Frauen in Beziehung« trete.[41]

Und die Auswirkungen können eine echte Veränderung herbeiführen. Beispielsweise erhalten in Bangladesch Kinder aus armen Familien oft keine Schulbildung – aber fast alle Kinder von Grameen-Kreditnehmern besuchen eine Schule. Und 1997 wurden bei den Kommunalwahlen in Bangladesch mehr als 2 000 Grameen-Kunden in kommunale Ämter gewählt.[42]

Es ist eine unglaubliche Geschichte. Falls Sie es noch nicht gemerkt haben: Muhammad Yunus ist einer meiner Helden. In der Tat ist er für viele Menschen auf der Welt ein Held – nämlich für alle, denen er geholfen hat, ihr Leben zu verändern, und für Organisationen, die sein Modell der Mikrofinanzierung anwenden, um unterschiedlichste Probleme zu lösen. Viele Organisationen folgten dem erfolgreichen Beispiel der Grameen Bank. Während meiner Zeit beim CSR hatte ich aus nächster Nähe miterlebt, wie die Mikrokredite immer mehr Raum einnahmen. Als ich 2003 mit der Frau in dem indischen Slum sprach, gab es weltweit bereits über 100 Millionen Menschen, die einen solchen Kredit in Anspruch genommen hatten. Besonders hoch war die Zahl dort, wo alles begonnen hatte: in Bangladesch und im benachbarten Indien.

Zufällig war die Mikrofinanzbranche genau zu dem Zeitpunkt richtig im Aufschwung, als WaterPartners mit der Suche nach lokalen Kreditpartnern begann. Die Vereinten Nationen hatten das Jahr 2005 zum Internationalen Jahr der Kleinstkredite erklärt, und der weltweite Finanzmarkt für Mikrokredite war zwischen 2004 und 2006 auf die doppelte Größe angewachsen.[43]

Als Yunus 2006 den Friedensnobelpreis erhielt, hieß es in der Ankündigung: »Die Idee, Kredite an arme Menschen ohne finanzielle Sicherheiten zu vergeben, schien völlig unmöglich. Vor drei Jahrzehnten hat Yunus sehr klein begonnen und vor allem durch die Grameen Bank Mikrokredite zu einem immer wichtigeren Instrument im Kampf gegen die Armut gemacht.«

In vielerlei Hinsicht schienen uns die Mikrofinanzinstitutionen (oder MFI, wie wir sie nannten, als uns die vielen Silben irgendwann zu lang wurden) die perfekten Partner für uns zu sein.

Ihre Arbeit konzentrierte sich ebenfalls auf Gebiete, in denen die Wasserkrise das Leben der Menschen bestimmte, und sie wussten, wie man unter schwierigen Bedingungen nachhaltig Kredite vergab. Zwar hatten wir unterschiedliche Kompetenzen, aber unsere Werte waren dieselben: Genau wie für uns war der soziale Nutzen den MFI wichtiger als der Profit.

Immer wieder kam ich zu dem Schluss: Es gibt keinen Grund, warum Kredite für Wasser- und Sanitäranlagen nicht funktionieren sollten.

Wie ich schnell herausfand, gab es jedoch zwei große Hindernisse.

Das erste Hindernis bestand darin, dass MFI keine Kredite an Communities vergaben, sondern nur an Einzelpersonen oder kleine Gruppen. Das war der Kern ihrer Strategie: Mikrokredite funktionieren nur dann, wenn die Menschen ein starkes Gefühl von Verantwortung und Eigentum mit einem Kredit verbinden, was eher bei Menschen als Organisationen der Fall ist (eine Kreditvergabe an Institutionen kann zwar ebenfalls funktionieren, aber nur, wenn sie stark und gut geführt sind und verschiedene Formen von Risiken erkennen und managen können). Anders ausgedrückt: Menschen fühlen sich eher zur Rückzahlung eines Kredits verpflichtet, wenn die Verpflichtung sich nicht auf Hunderte Personen verteilt.

WaterPartners hatte Wasser- und Sanitärlösungen jedoch schon immer für ganze Communities und nicht für einzelne Haushalte entwickelt. Es widerspricht jeder Logik, dass der beste Weg, um *mehr* Menschen auf effizientere Weise zu erreichen, darin bestand, Lösungen für *weniger* Menschen zu entwickeln. Wir hatten allerdings bei der Vergabe unserer ersten Kredite in Kenia gelernt, dass die MFI recht hatten: Kredite für schwache lokale Institutionen mit wenig Rechenschaftspflicht und Anreizen zur Rückzahlung funktionierten nicht. Bald stellten wir fest, dass aber auch einzelne Haushalte mit einem Mikrokredit (meist zwischen fünfzig und fünfhundert Dollar) eine Menge tun konnten, um ihre Wasser- und Sanitärprobleme individuell zu lösen.[44]

In den Slums verlaufen die Wasser- und Abwasserrohre oft direkt unter dem Fußboden, nur sind die Häuser schlichtweg nicht daran angeschlossen. Mit einem Mikrokredit können sie die Anschlussgebühr bezahlen und Wasserhähne und Toiletten an das städtische System anschließen lassen. In ländlicheren Gegenden, die noch keinen Zugang zum Versorgungsnetz haben, können Anlagen zum Sammeln von Regenwasser installiert oder ein kleiner Brunnen für die Familie gebohrt werden, um an Wasser zu kommen. Für die Entsorgung können sie ein Plumpsklo und eine Sickergrube bauen, wo sich die Fäkalien sicher unter der Erde zersetzen und dann regelmäßig zur weiteren Behandlung abtransportiert werden. All das waren sinnvolle Lösungen, die mit Mikrokrediten finanziert werden konnten. Ich war überzeugt, dass die Haushalte diese Kredite aufnehmen wollen würden – wenn ich die MFI nur davon überzeugen konnte, sie anzubieten.

Es gab jedoch noch ein weiteres Hindernis, das der Idee im Wege stand. Und dieses erwies sich als weitaus schwieriger.

Ich begann, mehrere MFI ohne Voranmeldung zu kontaktieren, um herauszufinden, ob sie an einer Zusammenarbeit bei der Vergabe von Krediten für Wasser- und Sanitäranlagen interessiert wären. Natürlich nahm ich nicht einfach ein indisches Telefonbuch zur Hand und rief wahllos irgendwelche MFI an. Ich konzentrierte mich auf die, die mir von Leuten empfohlen worden waren, die dort Mikrokredite aufgenommen hatten, um ihre unterschiedlichen Geschäfte anzukurbeln – zum Beispiel Unternehmen, die Kleidung oder Kunsthandwerk herstellten. Die MFI wurden mir also von den Kreditnehmern selbst genannt – ein wichtiges Kriterium. Ich erstellte eine Liste und griff zum Hörer – und bekam deutlich vor Augen geführt, warum man das Ganze »Kaltakquise« nennt. Die erste MFI, die ich erreichte, hatte kein Interesse. Die zweite auch nicht. Auch nicht die dritte oder vierte. Sie können sich vorstellen, wie es weiterging.

Bei vielen Leuten wäre der Groschen wahrscheinlich gefallen und sie hätten resigniert. Aber ich bin da wie ein Hund mit einem Knochen. Es fällt mir schwer, bei einer Herausforderung oder Diskussion klein beizugeben, bevor ich es nicht aus allen denkbaren Richtungen versucht habe – meine Frau und die Kinder können ein Lied davon singen. Als ich mir vor etwa zehn Jahren einen Meniskusriss zuzog, gab mir mein Arzt unmissverständlich zu verstehen, dass ich eine Operation bräuchte, und selbst damit würde ich nie wieder joggen können. Wegen meiner vielen Auslandsreisen schob ich die Operation auf und fragte mich, ob es nicht einen anderen Weg gab. Etwa zeitgleich wurde mir klar, wie unfit ich war – laut Body-Mass-Index war ich übergewichtig. Also nahm ich ein paar Kilos ab, machte etwas Krafttraining und folgte eines Tages einem Impuls und begann wieder mit dem Laufen. Es fühlte sich okay an, und ich lief ein bisschen mehr. Dann beschloss ich, für einen Marathon zu trainieren. Inzwischen habe ich zwei absolviert und nie einen OP von innen gesehen.

Von ein paar abschlägigen Antworten ließ ich mich also nicht entmutigen. Ich schrieb weiter E-Mails. Manchmal war auch Klinkenputzen angesagt. Das tat ich ein Jahr lang – ich klapperte ein Mikrokreditinstitut nach dem anderen ab, und keines war bereit, Geld für Wasser- und Sanitärprojekte zu verleihen. Immerhin waren sie so höflich, mir den Grund zu nennen: Kredite für Wasser- und Sanitärprojekte würden kein direktes Einkommen generieren, ein Argument, das sie wie ein Mantra wiederholten. Als ich die Gelegenheit hatte, mit Muhammad Yunus darüber zu sprechen, machte auch er mir wenig Hoffnung. Die MFI lägen schon richtig, Mikrokredite für Wasser- und Sanitäranlagen könnten niemals eine Lösung im großen Stil sein. In den frühen 2000er-Jahren sahen die MFI Mikrokredite als Investitionen in kleine Unternehmen, nicht zur Verbesserung der Lebensbedingungen. Bat man ein MFI um ein Darlehen für Wasser- und Abwasserentsorgung, war das etwa so, als würde man eine Risikokapitalanlegerin bitten, eine private Hypothek zu finanzieren. Es war einfach nicht ihr Metier.

Fairerweise muss man sagen, dass die MFI die Dinge aus gutem Grund so sahen. Wie Yunus selbst erfuhr, als er mit der Mikrofinanzierung begann, haben Menschen in Armut keine Sicherheiten, um für einen Kredit zu bürgen. Auch verfügen sie nicht über einen Nachweis ihrer Kreditwürdigkeit, anhand dessen eine Bank die Wahrscheinlichkeit einer Rückzahlung einschätzen könnte. Die MFI in Entwicklungsländern hatten einfach nicht die Instrumente oder Daten, um festzustellen, wer sich einen Kredit leisten konnte und wer nicht. Stattdessen hörten sie sich genau an, wie eine Person den Kredit zu nutzen gedachte. Angenommen, ein Kreditberater trifft sich mit einer Frau, die fünfzig Dollar beantragt, damit sie eine Nähmaschine kaufen kann, mit der sie Kleider herstellen will, um sie zu verkaufen. Sie erklärt, dass sie jeden Rock mit einem Nettogewinn von einem Dollar verkaufen und jeden Tag drei Röcke nähen kann. Auf diese Weise könnte sie mit einer Investition von fünfzig Dollar jeden Monat neunzig Dollar Gewinn erzielen. Für die Bank wäre das eine ziemlich gute Option, denn sie würden das Geld höchstwahrscheinlich wiedersehen.

Wenn dieselbe Frau aber einen Kredit für die Installation einer Toilette in ihrem Haus haben wollte – wie sollte sie das Geld zurückzahlen? Die MFI wussten nicht genug über die Marktdynamiken im Bereich Wasser und Sanitär, um diese Frage beantworten zu können, und sie waren auch nicht sonderlich interessiert daran, mehr darüber zu erfahren. Stattdessen wurden die Anforderungen immer strenger: Mikrokredite sollten in jedem Fall Einkommen generieren. Mitte der 2000er-Jahre zeigte der Mikrokreditboom erste negative Auswirkungen: Die Geschichten von Menschen, die ihre Häuser verkaufen oder ihre Lebensmittelkarten verpfänden mussten, um ihre Kredite zurückzuzahlen, häuften sich.[45] Es gab Berichte über Kreditsachbearbeiter, die Kreditnehmer verbal und physisch belästigten, ihre Wertsachen beschlagnahmten und sich vor ihren Häusern positionierten, um sie öffentlich zu demütigen.[46] Im Jahr 2010 schloss die Regierung des indischen Bundesstaates Andhra Pradesh die Mikrofinanzeinrichtungen in der Region und stellte fest, dass sich im Laufe weniger Monate mehr als achtzig Menschen, die mit der Rückzahlung von Mikrokrediten in Verzug geraten waren, das Leben genommen hatten.[47]

Der Mikrofinanzsektor war an einigen Orten offensichtlich zu schnell gewachsen, und die Bankbeamten waren zu weit gegangen, indem sie wahllos Kredite vergeben hatten, und dann den Opfern – den Empfängern – faktisch die Schuld gaben. Es dauerte einige Zeit, bis sich das System durch Anstoß der indischen Zentralbank von schlechten Anbietern befreit hatte. Aber auch die rechtschaffenen Akteure waren durch diese Erfahrung geläutert und beschlossen, bei der Kreditvergabe vorsichtiger denn je zu sein, an wen und wofür sie Geld verliehen.

Muhammad Yunus sagte einmal: »Alle Menschen werden als Unternehmer geboren.«[48] Aber je mehr ich darüber nachdachte, desto mehr widersprach ich der Prämisse, dass es nur ein bisschen Startkapital brauchte, damit so gut wie jeder ein Unternehmen gründen und einen ersten Schritt auf dem Weg zur ökonomischen Unabhängigkeit machen konnte. Der Mangel an Startkapital ist schließlich nur einer von vielen Faktoren, weshalb Menschen dauerhaft in Armut leben. Man denke nur an die Millionen Frauen, die ihren Tag mit Wasserholen verbringen: Sie haben schlicht keine Zeit, um ein Unternehmen zu gründen. Oder an die Millionen Menschen, die von wasserbedingten Krankheiten betroffen sind: Sie sind ganz einfach zu krank für so eine Herausforderung.

Aus dieser Perspektive wird klar, warum Mikrokredite laut Untersuchungen nicht annähernd so wirksam sind, um den Kreislauf der Armut zu durchbrechen, wie Wirtschaftswissenschaftler mit Schwerpunkt Entwicklungshilfe einst gehofft hatten. Denn bevor jemand einen Kredit für ein Unternehmen überhaupt nutzen kann, müssen erst bestimmte menschliche Bedürfnisse – fundamentale Bedürfnisse – erfüllt sein. Aus den genannten Gründen sahen die MFI ihre Rolle aber nicht darin, den Menschen bei der Erfüllung dieser Grundbedürfnisse zu helfen. Stattdessen passierte etwas Interessantes, und zwar direkt vor der Nase der Kreditgeber. Die Kunden hatten ihre Kredite jahrelang stillschweigend für die Investitionen verwendet, die gerade am dringendsten waren: Schulgeld, medizinische Behandlungen, Reparaturen am Haus und andere nicht-unternehmerische Zwecke. Oft war dies ein Verstoß gegen die Kreditbedingungen. Beim Backlash gegen die Mikrofinanzierung enthüllten neue Studien das Ausmaß dieser Praxis – darunter findet sich eine Untersuchung aus dem Jahr 2008, die zeigte, dass mehr als die Hälfte der armen Haushalte in Indonesien, die Mikrokredite aufgenommen hatten, die Gelder ausschließlich für nicht-geschäftliche Zwecke verwendet hatten.[49]

Zunächst wertete man es als Misserfolg der Mikrofinanzierung. Was aber, wenn es in Wirklichkeit einer ihrer größten Pluspunkte war? Teilweise waren die Kredite nämlich auch genutzt worden, um die drängendste Not zu lindern – um Medikamente für ein krankes Kind zu kaufen oder Essen auf den Tisch zu bringen. Unzählige gemeinnützige Organisationen geben unzählige Dollar aus, um genau diese Bedürfnisse zu befriedigen – und sind dabei viel weniger effektiv. Durch diesen Einsatz der Kredite zeigten die Menschen auch, wie schmal die Definition »einkommenssteigernd« der MFI gefasst war. Wenn jemand wegen einer Krankheit behandelt wird, *bevor* sich daraus eine lebenslange Behinderung entwickelt, verbessert das schließlich zweifellos die Fähigkeit, ein Einkommen zu erzielen (und einen Kredit zurückzuzahlen). Wir bei WaterPartners betonten immer wieder, dass eine Person, die einen Wasserhahn in ihrem Haus installieren lässt und deshalb nicht mehr vier Stunden am Tag mit Wasserholen zubringen muss, dadurch einen halben Tag für Lohnarbeit gewinnt. Das war vielleicht nicht *direkt* einkommenssteigernd. Aber unbestreitbar wurde dadurch *indirekt* eine große Palette an Chancen eröffnet.

Wenn MFI Menschen die Freiheit geben könnten, in die Befriedigung ihrer dringendsten Bedürfnisse zu investieren, ohne sie zu einer übermäßigen Kreditaufnahme zu verleiten, wäre das vielleicht der größte Beitrag, den Mikrokredite leisten könnten.

Die Zuversicht, diese Botschaft weiter zu verbreiten, hätte ich vermutlich nicht gehabt, wenn ich nicht regelmäßig eine Konferenz in Monterey, Kalifornien, besucht hätte, bevor deren Name allgemein bekannt wurde: TED.

Angeblich lehrt einem das Ingenieursstudium ja das Denken. Aber wirklich anders und ganzheitlicher zu denken lehrte mich erst meine Teilnahme am »TED-Studium«.

Bei TED geht es darum, Neugier zu kultivieren und neue Perspektiven auf Herausforderungen zu entwickeln. Bei anderen Konferenzen fühlte ich mich immer von Menschen umgeben, die mir sehr ähnlich waren. Es ist immer schön, unter Ingenieuren zu sein, aber bei TED ging es darum, Ideen zusammenzubringen, die auf den ersten Blick nichts mit der täglichen Arbeit zu tun hatten. Es war großartig zu lernen, wie man unterschiedliche Konzepte kombinieren und dadurch etwas Neues schaffen kann.

Bei TED lernte ich auch Steven Johnson kennen, der ein großartiges Buch mit dem Titel *Wo gute Ideen herkommen* geschrieben hat. Bei der Lektüre verstand ich, dass es so etwas wie eine wirklich originelle Idee gar nicht gibt, sondern dass jede gute

Idee ihre Wurzeln in der guten Idee eines anderen hat. Ich begann zu verstehen, dass das, was wir bei WaterPartners gemacht hatten – Yunus' Konzepte nehmen und sie mit den Marktrealitäten der Wasser- und Sanitärversorgung zu verbinden –, ein durchaus gängiges Modell für bahnbrechende Ideen ist.

TED lehrte mich auch, dass eine gute Idee das eine ist – und dass es etwas ganz anderes ist, andere Menschen davon zu überzeugen. Das erfordert völlig andere Fähigkeiten. Ich akzeptierte, dass ich Menschen überzeugen musste – dass ich herausfinden musste, wie ich meine Leidenschaft und Hartnäckigkeit nutzen konnte, um das in die Welt zu tragen, was bei TED »verbreitungswürdige Idee« genannt wird.

Ich blieb also dran – bis ich nach einem Jahr Suche schließlich eine Organisation fand, die die Dinge so sah wie wir. Sie hieß BASIX und hatte ihren Sitz in Hyderabad, der indischen Stadt, in der ich mit jener Frau gesprochen hatte – der ursprüngliche Anstoß für die ganze Idee. BASIX hatte eine Studie durchgeführt, wie ihre Mikrokredite das Leben der Menschen durch deren neues Unternehmertum veränderten – und war von den Ergebnissen enttäuscht, ja, sogar verblüfft: Nur die Hälfte der Menschen, die seit mindestens drei Jahren von der Bank unterstützt wurden, hatten ein höheres Einkommen – und das auch nur marginal, im Schnitt etwa zehn Prozent. Einer von vier Kunden gab an, es habe sich überhaupt nichts geändert. Und das Schlimmste war, dass etwa die gleiche Anzahl noch tiefer in die Armut abgerutscht war. BASIX gelangte zu der gleichen Erkenntnis wie ich: Die Hindernisse auf dem Weg aus der Armut waren komplex, und herkömmliche Mikrokredite für Unternehmen deckten längst nicht alle ab.[50]

Vijay Mahajan, der Gründer von BASIX, erklärte, dies habe

in der Organisation eine große Debatte ausgelöst. Sie hätten den »orthodoxen Weg der Mikrofinanzierung« weitergehen können, wie er das nannte – einfache Kredite für Unternehmensgründungen vergeben –, oder versuchen, ein neues Angebot zu entwickeln, das den komplexen Bedürfnissen der Menschen besser entsprach. Letzteres war, wie Vijay es ausdrückte, »komplexer, chaotischer und unendlich viel schwieriger zu managen und kontrollieren« als der traditionelle Weg, aber es »hatte eine Chance (ob 50:50, 20:80 oder 90:10 konnte niemand sagen), wesentlich mehr zu bewirken«[51]. BASIX entschied sich für den zweiten Weg und begann, Optionen anzubieten, die über die Kredite hinausgingen, die die Menschen zum Aufbau eines Unternehmens benötigten.

Mit diesem Prozess hatten sie gerade begonnen, als wir sie auf Kredite für Wasser- und Sanitäranlagen ansprachen. Nachdem ich erklärt hatte, welche Bewältigungskosten die Menschen zu tragen hatten, erkannten Vijay und sein Team, warum die Menschen in der Lage sein würden, die Kredite zurückzuzahlen – auch wenn sie kein direktes Einkommen daraus generierten. Nachdem wir ein Jahr lang nur Nein zur Antwort bekommen hatten, bekamen wir endlich ein Ja.

Es war allerdings ein »Ja, aber …«. BASIX war nicht bereit, Wasser- und Sanitärkredite in das reguläre Portfolio aufzunehmen, denn wenn die Kredite nicht zurückgezahlt würden, schadete das dem Ruf und der Kreditwürdigkeit der Bank. BASIX nannte den Bereich »Forschung und Entwicklung« und lagerte ihn in eine separate Abteilung aus; sie zogen quasi einen Zaun darum, bis er sich bewährt haben würde. Endlich hatten wir einen Partner, der bereit war, ein kalkulierbares Risiko einzugehen.

Und kalkulierbar war das Risiko in der Tat. WaterPartners zahlte dafür, damit BASIX das Pilotprogramm startete, ohne ein Risiko eingehen zu müssen. Auf diese Weise konnten sie selbst sehen, dass das neue Programm funktionierte, bevor sie ihr eigenes Kapital riskierten. Wir waren damit einverstanden, denn wo sie Zweifel und Risiken sahen, freuten wir uns auf eine nahezu hundertprozentige Erfolgsaussicht.

Wir hatten uns mit BASIX darauf geeinigt, dass die Bank bei Erfolg des Pilotprojekts diese Art von Krediten in den allgemeinen Markt einführen und ausbauen würde. Wir waren im Geschäft.

Es dauerte mehrere Jahre, aber schließlich gab es erste Ergebnisse. Ich hatte immer darauf hingewiesen, dass die Familien in der Lage sein würden, die Kredite zurückzuzahlen. Aber zugegebenermaßen war das bisher nur Theorie gewesen, die wir bis jetzt noch nicht in der Praxis hatten testen können. Jetzt endlich war es so weit, und es war eine der schönsten Erfahrungen meines Lebens.

Wir prüften die Zahlen. Und siehe da, der Prozentsatz derer, die die Kredite vollständig und pünktlich zurückzahlten, lag bei siebenundneunzig Prozent.

Die Zahlen waren verblüffend und aufregend. Und die Geschichten, die sich dahinter verbargen, noch viel mehr. Unsere Kunden waren Frauen wie Leneriza, die ich auf den Philippinen kennenlernte. Ich habe immer wieder Menschen getroffen, die ein Fünftel ihres Einkommens für Wasser ausgaben. Leneriza war eine von ihnen.[52] Sie erzählte mir, dass sie ihr Wasser bisher von einem lokalen Händler für sechzig Dollar im Monat gekauft hatte. Mithilfe ihres Kredits konnte sie einen Wasserhahn in ihrem Haus installieren lassen. Ihre Kreditraten und die neue Wasserrechnung zahlte sie mit Freuden, weil sie insgesamt weniger als zehn Dollar pro Monat ausmachten. Sie hatte sauberes Wasser, das sicher aus der Leitung kam, *und* fünfzig Dollar im Monat mehr, um ihre Familie zu unterstützen.

Es stellte sich heraus, dass die Realität die Theorie sogar noch übertraf.

Auf Basis dieser Fakten war es nun leichter, den MFI unsere Argumente zu unterbreiten. Suresh Krishna, der Leiter einer der innovativsten MFI in Indien (heute CreditAccess Grameen), erklärte sich nicht nur bereit, ein Kreditprogramm für Wasser- und Sanitärversorgung zu starten, sondern bot auch an, das Eigenkapital der Bank für die Kredite zu verwenden. Schon bald schlossen sich weitere MFI an und begannen – ein großer Fortschritt! – Wasser- und Sanitärkreditprogramme in ihr Kerngeschäft aufzunehmen, anstatt es in Nischen wie »Forschung und Entwicklung« laufen zu lassen.

Gleichzeitig setzten wir auch unser traditionelleres Modell der subventionierten gemeinschaftsbasierten Wasserprojekte fort. Aber die Grenzen der Projekte wurden immer deutlicher, je deutlicher wir uns vor Augen führten, was mit den Krediten alles möglich war. Finanzierte man die Kosten für ein neues Wassersystem, war das ein einmaliges Projekt: War das gesammelte Geld verbraucht, musste man Geld für das nächste Projekt sammeln. Mikrokredite funktionierten anders: Im Laufe der Zeit trugen sie sich selbst, denn die Rückzahlungen dienten wiederum zur Finanzierung künftiger Kredite an andere Kreditnehmerinnen und -nehmer. Deshalb brauchten sie nur einen kleinen Anstoß von uns, bevor sie eine Eigendynamik entwickelten und ihre Wirkung von selbst weiter entfalteten.

Ich erkannte, dass dies ein gangbarer Weg war. Daher formulierte ich die Frage um: Statt »Könnte das irgendwie funktionieren?« zu »Wie groß könnte das Ganze werden?«.

Im Jahr 2008 untersuchte die Gates-Stiftung den Bedarf von Mikrokrediten für Wasser- und Sanitäranlagen und kam auf einen Bedarf von 12 Milliarden Dollar.[53] Heute hört sich das für mich überschaubar an – inzwischen wissen wir, dass die Zahl in Wirklichkeit viel größer ist. Aber damals klang es riesig und völlig revolutionär.

Bisher hatte WaterPartners versucht, dabei zu helfen, ein Hundert-Milliarden-Dollar-Problem mit Mitteln zu lösen, die – selbst nach über einem Jahrzehnt Arbeit – immer noch nur im Millionenbereich lagen. Daher war es auch kein Wunder, dass uns der Fortschritt immer so schleichend erschien – es kam uns vor, als würden wir die ganze Zeit auf ein Ziel zukriechen, das wir kaum sehen konnten, ein Ziel, das nie näher zu kommen schien.

Aber wenn wir zwölf Milliarden Dollar in die Lösung der Krise investieren könnten, würden wir nicht mehr nur dahinkriechen. Wir würden sprinten.

4

DAS ERSTE DATE

Matt Damon

Zum bahnbrechenden Wendepunkt bei meiner Arbeit zur Wasserkrise kam es 2008, als ich an der Jahrestagung der Clinton Global Initiative (CGI) teilnahm.

Die CGI sieht ihre Aufgabe darin, dafür zu sorgen, dass »Ideen in Taten umgesetzt werden«, was auf den ersten Blick so nichtssagend erscheint, dass es auf so ziemlich jede Organisation zutreffen könnte (oder gibt es Organisationen, deren Aufgabe darin besteht, »Ideen in Untätigkeit umzusetzen« oder »dafür zu sorgen, dass Ideen niemals über das gedankliche Stadium hinauskommen«?). Aber als Bill Clinton das Konzept im Jahr 2005 vorstellte, hatte es doch etwas mehr Substanz. Clinton hatte gerade am Weltwirtschaftsforum in Davos teilgenommen und machte nun einen Umstand zum Thema, von dem Sie sicher auch schon gehört haben: dass nämlich dort, in diesem Nobelskiort, die Eliten zusammenkommen, große Reden schwingen, wie sie die Welt verbessern wollen, nur um dann anschließend, als ob nichts gewesen wäre, wieder gepflegt zur Tagesordnung überzugehen. »Jahr für Jahr bekomme ich mit, wie all diese Leute voller Energie abreisen«, meinte Clinton, »sie wollen *wirklich* etwas tun. Was sie jetzt bräuchten, ist ein Raum, wo sie das ganz konkret überlegen und angehen können: Okay, was genau ist meine Aufgabe?« Deshalb würden die Teilnehmenden der CGI, so Clinton, nicht nur aufgefordert, ihre Meinung zu bestimmten Themen zu äußern, sondern »ganz konkrete Verpflichtungen« einzugehen; wie erfolgreich sie damit waren, wird dann im darauffolgenden Jahr öffentlich beurteilt. »Es ist wichtig, ganz konkret festzuhalten, das und das haben wir getan und es hat zu dem und dem Ergebnis geführt.«[54]

Clinton und sein Team haben die Konferenz so gelegt, dass sie mit der jährlichen UN-Generalversammlung im September in New York zusammenfällt, zu der jede Menge Staatsoberhäupter und andere VIPs anreisen. Eine Woche lang sind die Straßen von Autokolonnen verstopft, und die ganze Stadt ist lahmgelegt; Clinton gelang es dennoch problemlos, das New Yorker Sheraton vollzubekommen: mehr als fünfzig amtierende oder ehemalige Staatsoberhäupter nahmen teil, dazu weit über hundert CEOs sowie Präsidenten globaler Stiftungen – und natürlich Bono. Auch legendäre Sportler wie Muhammad Ali, die sich inzwischen als Aktivisten engagierten, waren damals mit von der Partie. Und ich: ein Schauspieler, der einmal die Stimme eines Zeichentrickpferdes in einem Film namens *Spirit – der wilde Mustang* gesprochen hatte (den zum Glück vermutlich keiner der Anwesenden gesehen hatte).[55]

Ich weiß noch, dass die Tagung mit einer Keynote Speech von Gordon Brown begann, dem damaligen britischen Premierminister. Clinton stellte ihn als den Mann vor, der mehr über die Welt wisse als jeder andere Mensch, dem er je begegnet sei – was Brown anscheinend als echte Herausforderung verstand. Er sprach fast eine Stunde lang, völlig ohne Notizen, wechselte mühelos von einem Thema zum anderen und gab Einblicke in verschiedene politische Maßnahmen, die das Leben von Menschen in Armut verbessern könnten. Es war beeindruckend. Und so ging es mir mit vielen Reden, die ich auf der Konferenz hörte, und damit meine ich nicht nur die Hauptredner. Direkt nach Brown kam ein Arzt ans Rednerpult, der sein ganzes Leben der Erforschung von Tropenkrankheiten gewidmet hatte. Weil sie in wohlhabenden Ländern wie den Vereinigten Staaten praktisch unbekannt sind, bekommen diese Krankheiten nur einen Bruchteil der eigentlich nötigen Aufmerksamkeit und finanziellen Mittel. »Wenn ich normalerweise über meine Arbeit spreche«, sagte er, »dann vielleicht vor drei oder vier Leuten.« Dann zeigte er auf Ex-Präsident Clinton: »Ihnen ist es zu verdanken, dass sich hier ein ganzer Saal voller Menschen mit Parasiten beschäftigt.«[56]

Und das stimmte, es war sein Verdienst. Clinton strahlte vor Stolz und war ganz in seinem Element. Seine geradezu magnetische Anziehungskraft einzusetzen, um alle möglichen Leute in denselben Raum zu locken, die sich sonst vielleicht nie über den Weg gelaufen wären und die nun dank ihm die Chance hatten, gemeinsam Großes oder sogar richtig Großes zu bewirken – das ist genau sein Ding. Genau darauf war die gesamte Konferenz ausgerichtet. Von den Podiumsdiskussionen bis zum Galadinner, das zwar wie eine Riesenparty wirkte – die es auch war –, tatsächlich aber mit militärischer Präzision bis ins Detail geplant war. Alles drehte sich um Ergebnisse, konkrete Zahlen, Partnerschaften und Pläne. Rund um den Hauptsaal des Sheratons hatten die Veranstalter sogenannte »Flüsterecken« eingerichtet – was zugegebenermaßen nach einer ganz anderen Art von Konferenz klingt, aber ich versichere Ihnen, dass es dort ausschließlich um Dinge wie globale Finanzierungsmöglichkeiten ging. Nichts daran war auch nur im Entferntesten anrüchig (es sei denn, Sie stehen auf genau diese Art von Themen – dann wären Sie dort goldrichtig).

Es wurde zwar alles in allem eine Menge geredet, aber zwischen Keynote Speech, Podiumsdiskussionen und Besprechungsräumen hatte ich dennoch den Eindruck, dass Clinton sein Ziel erreicht hatte: Alles hier war auf konkretes Handeln ausgerichtet. Und nicht nur auf konkretes, sondern auch verantwortungsbewusstes Handeln. Verpflichtete sich ein Teilnehmer zu einem bestimmten Engagement, wurde seine Entscheidung öffentlich bekannt gegeben, was eine Art sozialen Druck auf die anderen ausübte, ebenfalls aktiv zu werden (allein 2008 wurden auf diese Weise acht Milliarden Dollar bereitgestellt).[57] Und auch die Ergebnisse wurden öffentlich bekannt gegeben – wenn du also dein Ziel verfehlt hast, bekommen das bei der nächsten CGI auch all deine hochkarätigen einflussreichen Freunde mit.

In einem Artikel des *Economist* über die Konferenz brachte es ein Reporter auf den Punkt: »Mr. Brown hat uns an etwas erinnert. Wenn Cicero sprach, sagten die Leute: ›Das war eine gute Rede.‹ Aber als Demosthenes sprach, marschierten sie los. Und hier im Sheraton New York sind definitiv alle auf den Beinen.«[58] Auch ich hatte meine Stiefel an, nur war ich immer noch unschlüssig, in welche Richtung es eigentlich gehen sollte.

Bei meiner ersten Begegnung mit Gary White beeindruckte mich besonders, wie er mir zuallererst einmal von seinem Scheitern erzählte.

Ein paar meiner Partner von H_2O Africa hatten Gary kennengelernt und erkannt, dass er uns dabei helfen könnte, unser Projekt geschickter anzugehen, woraufhin wir beide in einer der Flüsterecken gelandet waren. So war es uns zumindest angekündigt worden. Tatsächlich brachten mich die CGI-Leute in einen riesigen, vollkommen leeren Hotel-Ballsaal – ich kam mir vor wie in einem Flugzeughangar mit Kronleuchtern. Ich stand am Ende des Raumes in dieser völligen Stille und dachte, was vermutlich jeder in dieser Situation denken würde: *Ziemlich schräge Sache.*

Und es wurde noch schräger. Gary betrat den Ballsaal auf der gegenüberliegenden Seite, und so mussten wir verlegen grinsend erst mal einen ziemlich langen Weg zurücklegen, bis wir uns in der Mitte begegneten. Das Ganze hatte die absurde Dramatik einer Kennenlernszene aus einem Liebesfilm. »Hey, lass uns über Wasser plaudern«, rief ich ihm zu, weil ich das Gefühl hatte, irgendwie die unentspannte Stimmung auflockern zu müssen.

Wir setzten uns und stellten uns vor, und dann fing ich an, ihn über seine Arbeit auszufragen. Bei solchen Veranstaltungen sind die Leute ja nicht selten versucht, die eigene Leistung ordentlich aufzubauschen. Und ich wusste von meinen Partnern von H_2O Africa, dass es mehr als genug gab, was Gary ordentlich hätte aufbauschen können. Doch was machte er? Er tat genau das Gegenteil. Er berichtete mir von seiner Arbeit bei der US-amerikanischen Caritas CRS und wie er damit gescheitert war. Er erzählte, dass er einen neuen Ansatz für Wasserprojekte entwickelt habe, der hervorragend funktioniere – allerdings nur in sehr begrenztem Umfang. Es sei ihm leider nicht gelungen, meinte er, den Ansatz so weit auszubauen, dass er der Krise tatsächlich etwas entgegenzusetzen hätte. Dann beschrieb er eine andere Idee, eine Idee, die in seinen Augen das Potenzial hatte, alles zu verändern – nämlich kleine Kredite für Wasser und sanitäre Anlagen an Menschen in Armut zu vergeben –, und berichtete, wie er auch damit gleich beim ersten Testlauf in Kenia gescheitert war.

Bescheidener kann ein Verkaufsgespräch wohl kaum ablaufen. Eigentlich war es eher ein Anti-Verkaufsgespräch. Wenn CGI der Speeddating-Partnervermittlungsdienst der Entwicklungshilfebranche war, dann legte mein potenzieller Partner hier gleich mal all seine Macken, seine größten Fehler, seine persönlichen Schwächen auf den Tisch. Und genau das kam bei mir an. Zum einen fühlte ich mich auf menschlicher Ebene von Garys Bescheidenheit angezogen. Aber am meisten beeindruckte mich, dass sein Scheitern für ihn überhaupt kein Problem darstellte, es war ihm überhaupt nicht unangenehm – er akzeptierte es einfach als unvermeidlichen und notwendigen Teil des Prozesses. Scheitern war für Gary nichts, das es schönzureden oder wegzuerklären galt, nichts, was man um jeden Preis vermeiden musste, sondern vielmehr eine Etappe, die den eigenen Ansatz voranbringt und letztlich für den Erfolg nur förderlich ist.

Jetzt gehört das Scheitern natürlich zu der Sorte unerfreulicher Lektionen, die so klischeehaft überfrachtet werden, dass nicht mehr viel Unerfreuliches übrig bleibt. Die Rede vom Lernen durch Scheitern ist so lange schon fester Bestandteil der jährlichen Ansprachen vor Abschlussklassen, dass sie im Rennen um den offensichtlichsten Rat aller Zeiten in etwa gleichauf ist mit der Phrase: »Folge deinem Herzen«. Ich habe diesen Rat sogar selbst schon mehrfach gegeben. Ich hatte zwar das Glück, schon in meinen Zwanzigern, also ziemlich früh, beruflich erfolgreich zu sein – aber erst nach der Erfahrung zu scheitern und immer wieder mit dem Kopf gegen die Wand zu rennen. Während unserer ersten zehn Jahre als Schauspieler sind Ben Affleck und ich zu unzähligen ergebnislosen Vorsprechen gefahren. »Okay, danke« nannten wir das nur noch. »Okay, danke« hieß, dass du extra mit dem Bus von Boston nach New York fährst, inmitten all der anderen Typen, die genauso aussehen wie du, darauf wartest, bis du an der Reihe bist, dir dann vor dem Castingchef oscarreif die Augen aus dem Kopf heulst, bevor du schließlich ein »Okay, danke« zu hören bekommst. Das war alles. Kein Lob, kein Schulterklopfen, nicht einmal konstruktive Kritik, nur dieses völlig desinteressierte »Okay, danke«. Das tat schon weh. Aber irgendwann konnten wir es als Teil des Prozesses begreifen und akzeptieren, dass wir erst eine ganze Latte an Neins kassieren mussten, bevor wir ein Ja bekommen würden.

Ich hatte deshalb zu Beginn meiner Arbeit mit der Wasserthematik schon damit gerechnet, dass mich etwas Ähnliches erwarten würde, und genauso war es dann auch. Nur dass ich es diesmal nicht persönlich nahm. Ich hatte mir ziemlich schnell genug Wissen über Wasser und sanitäre Einrichtungen angeeignet, um einschätzen zu können, wie ineffektiv die meisten Wasserprojekte waren – und ich wollte auf jeden Fall gute Arbeit machen. Ich rechnete damit – aus gutem Grund, wie sich herausstellte –, dass wir, wenn wir mit H_2O Afrika bessere Strategien entwickeln wollten, zwangsläufig auch Gelder in Projekte stecken würden, die sich anschließend als Fehlentscheidungen herausstellten, dass wir Projekte unterstützen würden, die ins Stocken gerieten und versandeten, und dass wir auf vermeintlich großartige Ideen setzen würden, die sich dann in Rauch auflösten. All das akzeptierte ich als Eintrittspreis in eine Welt, in der ich alles andere als ein Experte war und zu der ich doch glaubte, etwas beitragen zu können.

Gary – im Gegensatz zu mir sehr wohl ein Experte – war in diesem Prozess viel weiter als ich. Dadurch, dass er zwanzig Jahre lang unzählige Neins einkassiert hatte, hatte er inzwischen den Mumm, trotzdem immer wieder Neues auszuprobieren – Misserfolge offen anzusprechen, neue Lektionen zu lernen, Erfolge zu verbuchen. Und genau deshalb vermied er den viel größeren, weitaus gravierenderen Misserfolg – nämlich sich in irgendwelchen kleinteiligen Ansätzen zu verlieren, die niemals zum ultimativen Ziel führen würden: dem Zugang zu Wasser und sanitären Einrichtungen für alle. Gary wurde zwar offiziell als Fachmann für Wasser- und Sanitärversorgung vorgestellt, aber für mich war er vielmehr ein Wegbereiter – und genau die Art von Partner, die ich gesucht hatte. Im Nu war eine Stunde vergangen, und mir wurde schlagartig bewusst, dass ich schon fast zu spät dran war für mein Treffen mit Ex-Präsident Clinton (was wirklich sehr ungeschickt gewesen wäre). Ich fragte Gary, ob er nicht mitkommen wolle, und so machten wir uns gemeinsam auf den Weg quer durch das Sheraton. Mein Speed-Date mit Gary – das dann doch ziemlich lang ausfiel – war ein voller Erfolg gewesen, und Clinton, unser Partnervermittler, würde als Erster davon erfahren.

Je mehr ich über WaterPartners erfuhr, desto überzeugter war ich, dass ihre Wasserprojekte besser funktionierten als die aller anderen. Ich war beeindruckt von der Art und Weise, wie Gary über die Communities sprach, mit denen sie zusammenarbeiteten – dass er sie nicht nur als Nutznießer betrachtete, sondern als Experten bei Planung, Bau und Durchführung der Projekte. Die Erfolgsquote von WaterPartners machte deutlich, dass sich dieser Ansatz auch langfristig bewährte. Nach allem, was ich von Gary und anderen gehört hatte (und wenn ich ehrlich bin, vor allem aufgrund des Gefühls, das ich aus den Gesprächen mit Gary mitnahm), war ich bereit, WaterPartners einen großen Teil der Gelder anzuvertrauen, die wir über H_2O Africa gesammelt hatten.

Aber was Gary natürlich am allermeisten begeisterte, waren nicht die frisch gebohrten Brunnen, sondern seine neue Idee – WaterCredit. Zum damaligen Zeitpunkt zeigten die WaterCredit-Pilotprogramme in Indien gerade vielversprechende Ergebnisse, und ein noch viel größerer Durchbruch war in Reichweite: Auf der CGI kündigte Gary einen Zuschuss der PepsiCo Foundation in Höhe von vier Millionen Dollar an, mit dem WaterCredit auch in größerem Maßstab getestet werden konnte.[59] Das war eine echte Ansage, und zwar nicht nur wegen der blinkenden Dollarzeichen. Der Zuschuss von PepsiCo war vor allem ein vielversprechendes Signal dafür, dass globale Unternehmen – zumindest einige – davon überzeugt werden konnten, sich für die Bewältigung der Wasserkrise einzusetzen. Die Vorstandsvorsitzende des Unternehmens, Indra Nooyi, hatte deutlich zu verstehen gegeben, dass sie sehr wohl wusste, wie wichtig die stetige Versorgung mit sauberem Wasser für ihre Getränkeherstellung war, und sie war entschlossen, sich in diesem Bereich zu engagieren, und zwar nicht nur im Hinblick auf die Pepsi-Fabriken. »Wasser ist ein integraler Bestandteil des Geschäftsmodells von PepsiCo, und ein sicherer Zugang zu sauberen, zuverlässigen Wasserquellen ist für die Gesundheit und den Lebensunterhalt von Communities auf der ganzen Welt entscheidend[60]«, sagte sie. Und dann setzte sie vier Millionen Dollar auf die Karte mit Garys besonderem Lösungsansatz.

Ehrlich gesagt fiel es mir anfangs ziemlich schwer, mich mit der Idee hinter WaterCredit anzufreunden. Es kam mir seltsam vor oder eigentlich mehr als seltsam, von extrem armen Menschen Geld für etwas zu verlangen, das sie zum puren Überleben benötigten. Man stelle sich vor, man trifft in der Wüste auf einen Menschen, der am Verdursten ist, und statt ihm einfach eine Wasserflasche in die Hand zu drücken, fragt man, ob er sie nicht vielleicht kaufen möchte. Als ich zum ersten Mal davon hörte, klang es für mich nach genau dem Aspekt von Kapitalismus, der einer Menge Leuten ziemliches Unbehagen bereitet. Es fühlte sich einfach falsch an. Es fühlte sich falsch an, den ärmsten Menschen der Welt das wenige Geld, das sie haben, für Wasser abzuknöpfen – für ein Gut, das wir in den reichen Ländern häufig so gut wie umsonst bekommen. Kurzum: Gefühlsmäßig ist die Idee auf den ersten Blick nicht gerade einleuchtend.

Im Laufe meines Gesprächs mit Gary änderte ich meine Meinung jedoch. Er konfrontierte mich mit sehr handfesten Fakten. Um die Wasserkrise in den Griff zu bekommen, müssten die Ausgaben für die Entwicklung der Wasserversorgung und sanitärer Einrichtungen in den nächsten zehn Jahren um weltweit etwa 100 Milliarden Dollar pro Jahr erhöht werden.[61,62] Eine solche Finanzierungslücke würde sich nicht dadurch schließen lassen, dass ich in Fernsehspots mit der singenden Sarah McLachlan im Hintergrund um Spenden warb (Gary war zu höflich, um das zu erwähnen, aber ich weiß, dass er es dachte). Selbst wenn Regierungen überall auf der Welt beschließen würden, der Wasser- und Sanitärversorgung eine höhere Priorität einzuräumen, würde sich diese Lücke realistisch betrachtet nicht schließen lassen. Und auch das Ausrufen einer neuen Wasser-Dekade könnte das nicht bewirken. Das waren Fakten, denen ich mich stellen musste. Die Botschaft der Zahlen, die Gary herunterratterte, lautete nicht: »Wir müssen uns eben mehr Mühe geben«, sondern: »Wir brauchen einen Paradigmenwechsel.«

Aber – und das war das Großartige – er konnte dieses neue Paradigma auch schon beschreiben. Es gäbe Hunderte Millionen Menschen auf der Welt, erklärte er, die trotz ihres sehr geringen Einkommens in der Lage seien, einen angemessenen Preis für Wasser und sanitäre Anlagen zu zahlen, und die erstaunlicherweise auch bereit dazu seien – sofern sie die Möglichkeit bekämen und dadurch tatsächlich eine zuverlässige Versorgung gewährleistet sei. Durch die Überzeugung, Spenden seien der einzige moralisch vertretbare und praktikable Weg, um anderen zu helfen, schränkten wir demnach also unsere Handlungsspielräume ein, limitierten die Zielsetzungen und verfestigten das Problem nur. Schlimmer noch: Wir verkannten auch den Einfallsreichtum derjenigen, denen wir helfen wollten.

Im weiteren Verlauf unseres Gesprächs begann ich, die Wasserkrise mit anderen Augen zu sehen. Ich begriff, dass es im Kern um ein Finanzierungsproblem ging. Um zu verstehen, warum das so ist, muss man zunächst wissen, wofür die Menschen eigentlich ihr Geld hinlegen, wenn sie für Wasser und sanitäre Einrichtungen zahlen.

In seinem sehr lesenswerten Buch *The Big Thirst* (»Der große Durst«) erwähnt der Journalist Charles Fishman einen kleinen Hinweis, den eine Hotelkette einmal auf den Wasserflaschen in den Gästezimmern anbrachte. »In dieser Flasche ist Wasser«, stand auf dem Etikett. »Natürlich ist es kostenlos.«[63] Der Hinweis legt Fishman zufolge einen Widerspruch in unserem Denken offen. Denn einerseits ist Wasser *natürlich* kostenlos – es fällt ja buchstäblich einfach vom Himmel. Und andererseits müssen wir *natürlich* für Wasser zahlen: Schließlich bekommt man jeden Monat eine entsprechende Rechnung. Was stimmt nun also?

Wie Gary mir erklärte, stellen die Wasserversorgungsunternehmen nicht das Wasser an sich in Rechnung.[64] Was wir zahlen, sind die Kosten für die *Lieferung* des Wassers. Wir bezahlen dafür, dass jemand das Wasser von dort holt, wo es sich zu einem bestimmten Zeitpunkt natürlicherweise im Wasserkreislauf befindet (in einem See, in einem Regenauffangbecken, unter der Erde), dass er das Wasser reinigt und es dann über Leitungen bis zu unseren Wasserhähnen oder in Flaschen abgefüllt in einen Laden bringt.

Und genau dasselbe gilt für die Abwasserentsorgung – nur in umgekehrter Richtung. Selbstredend sind unsere Ausscheidungen quasi einen Scheiß wert. Und dennoch zahlen wir Monat für Monat Geld, oft als Teil ebenjener genannten Wasserrechnung, damit unsere Abwässer von dort, wo wir leben und essen, entsorgt werden.

Die Kosten für Wasser und sanitäre Einrichtungen sind im Grunde also Transportgebühren.

Amazon verleitet heute viele Menschen zu der Annahme, dass der Versand von Waren grundsätzlich kostenlos sei. Dabei zählt der Transport von Wasser und Abwasser in Sachen Warenlieferung zu den größten Herausforderungen überhaupt. Jeder einzelne Mensch auf diesem Planeten produziert tagtäglich eine gewisse Abwassermenge. Und dieses Abwasser ist toxisch – wird es nicht umgehend abtransportiert, kann es zur Verbreitung tödlicher Krankheiten führen.

Wasser ist mit Abstand der wichtigste Rohstoff, den wir zum Überleben brauchen. Denken Sie nur an einen Campingtrip: Was Sie an Lebensmitteln und warmer Kleidung für ein paar Tage im Wald benötigen, können Sie problemlos auf dem Rücken tragen, genauso wie ein Zelt. Das Problem ist das Wasser. Die Mindestmenge an Wasser, die eine vierköpfige Familie täglich zum Trinken, Kochen und Waschen benötigt, wiegt dreißig Kilogramm.[65] Kein anderer überlebenswichtiger Stoff wiegt auch nur annähernd so viel. Und wir brauchen es die ganze Zeit – egal, ob wir etwas trinken oder essen oder uns waschen oder baden oder auf die Toilette gehen. Mit anderen Worten: Eine Wasserver- und Abwasserentsorgung in dem Umfang, wie sie die Welt benötigt, würde selbst Amazon vor Probleme stellen (Ironie des Schicksals, dass Amazon ausgerechnet nach einem der größten Wasserversorgungssysteme der Welt – dem Amazonas – benannt ist).

Seit Jahrtausenden begegnen die Menschen diesem Problem mit Systemen, die diese Aufgaben für uns übernehmen. Für unsere Städte haben wir riesige Infrastrukturen angelegt – Reservoirs, Speicher, Abwasserleitungen, Kanäle. Und abgelegenere Dörfer oder Haushalte sind mit kleineren Infrastruktursystemen ausgestattet – Brunnen, Klärgruben, Bewässerungsgräben, Regenwassersystemen.

Addiert man die Kosten zusammen, die der manuelle Transport von Wasser und Abwasser mit sich bringt, wird deutlich, dass er auf lange Sicht viel teurer kommt. Laut Gary sind diese Kosten gewaltig. Der Aufbau einer Infrastruktur, durch die sie vermieden werden könnten, erfordert jedoch große Summen im Voraus – und große Summen sind per definitionem genau das, was Menschen in Armut fehlt. Aus diesem Grund bleibt ihnen gar nichts anderes übrig, als ihr Wasser und Abwasser auf weitaus ineffizientere und kostspieligere Weise zu transportieren, als wir dies in den Industrienationen tun.

Das Kernproblem liegt also nicht in zu hohen Kosten für Wasser- und Abwassersysteme, denn die dadurch entfallenden Kosten für die menschliche Arbeit zur Beschaffung sparen langfristig Geld und Zeit. Das Problem ist, dass der Bau dieser Systeme so viel Kapital im Voraus erfordert. Wie gesagt – ein Finanzierungsproblem.

Als Gary im September 2008 die Finanzwirtschaft als Lösung für eines der größten Probleme der Welt präsentierte, hätte er sich keinen schlechteren Zeitpunkt aussuchen können – denn damals war die Finanzbranche gerade selbst zu einem der größten Probleme der Welt geworden.

Eine Woche vor meiner Teilnahme an der CGI blieb ich während eines Zwischenstopps im Flugzeug. Alle checkten ihre Handys, als ein Investmentbanker plötzlich in Panik geriet. Lehman Brothers war bankrott. »In der Weltwirtschaft ist gerade eine Atombombe hochgegangen«, sagte er, was nur minimal übertrieben war. Die dadurch ausgelöste Finanzkrise sollte sich als schlimmste Krise seit der Großen Depression erweisen, und eine Zeit lang sah es sogar so aus, als würde die Neuauflage das Original noch übertreffen.

Als Gary und ich uns bei der CGI trafen, hatten die US-amerikanischen Gesetzgeber bereits ein 700 Milliarden Dollar schweres Paket zur Rettung der Banken ausgearbeitet, um den Zusammenbruch weiterer Finanzinstitute zu verhindern. Mehr als tausend Demonstrierende hatten sich mit Schildern vor der New Yorker Börse versammelt, auf denen sie die Rettungsaktion als »kriminellen Klassenkampf« bezeichneten, während wir ein paar U-Bahn-Stationen weiter mit genau den Leuten auf Tuchfühlung gingen, die diese Rettungsaktion durchführen würden, als auch mit denen, die überhaupt erst die Notwendigkeit dafür geschaffen hatten.[66] Ursprünglich sollte sogar der CEO von Lehman Brothers kommen – er sagte dann jedoch ab.[67]

Unabhängig von der Gesellschaft, in der ich mich bei der CGI befand, teilte ich die Meinung der Demonstrierenden. Nicht lange danach war ich Sprecher in dem Dokumentarfilm *Inside Job*, in dem gezeigt wurde, wie Kreditgeber in den USA sozial schwache Menschen ausgebeutet hatten, indem sie ihnen Hypothekendarlehen aufschwatzten, die sie sich überhaupt nicht leisten konnten, nur um dann die Steuerzahler für die Kosten aufkommen zu lassen, wenn das System zusammenbrach. Noch ein Grund, einem Plan skeptisch gegenüberzustehen, der

Kredite an Menschen vorsah, die sowieso schon in finanziellen Schwierigkeiten steckten.

Gleichzeitig bestand natürlich ein himmelweiter Unterschied zwischen den großen Banken, die gerade die Weltwirtschaft in den Ruin trieben, und den Mikrokreditgebern, die den Kreditnehmern die Chance gaben, den Teufelskreis der Armut zu durchbrechen und ihr Leben selbst in die Hand zu nehmen.

Bei einem Besuch in Sambia im Jahr 2006 hatte ich eine denkwürdige Einführung in das Thema Mikrofinanzierung bekommen. Wir waren in ein abgelegenes Dorf gefahren und hatten an einem Markt von lauter Händlern angehalten, deren Geschäftsideen mit Mikrokrediten finanziert worden waren. Bauern verkauften hier ihre selbst angebauten Erzeugnisse, Schneiderinnen boten ihre Kleidung an und Essensverkäufer ihre selbst gekochten Mahlzeiten. Zwischen zwei Ständen aus Lehmziegeln hatte ein Mann ein paar Reihen Plastikstühle aufgestellt und mit einem Vorhang abgeschirmt. In den winzigen, fast stockfinsteren Raum, der dadurch entstanden war, hatte er einen Minifernseher mit Videorekorder gestellt: ein Kino! Genial. Der Mann sprach Englisch, und wir unterhielten uns ein wenig. Er verlangte von den Leuten etwa zehn Cent Eintritt. Ich wollte wissen, was für die heutige Matinee auf dem Programm stand, und warf einen Blick auf eine der raubkopierten DVDs, die er zur Ansicht ausgestellt hatte. Und da, mitten in Sambia, schaute mich mein eigenes Gesicht vom Cover der DVD-Hülle an. Heute lief *Die Bourne-Verschwörung.* Ich sollte den Handel mit Raubkopien eigentlich nicht unterstützen, aber natürlich mussten wir alle lachen. Wir machten noch ein paar Fotos mit dem Mann, aber den Film sahen wir uns nicht an. Ich wusste ja, wie er ausgeht.

Der Aufenthalt in Sambia war Teil der Schulung, die ONE für mich organisiert hatte, und wir sprachen damals viel über Muhammad Yunus' Ansatz. Dass Yunus nicht auf eine Gewinnmaximierung für die Kreditgeber abzielte, sondern vor allem die Lebensumstände möglichst vieler Menschen nachhaltig verbessern wollte, wusste ich bereits. Die Kreditgeber müssen natürlich auch profitieren, sonst würde ihnen der Anreiz fehlen – und eventuell auch die Mittel –, um auch weiterhin Kredite zu vergeben, aber der eigentliche Schwerpunkt liegt auf dem Ergebnis, darauf, was die Kreditnehmer mit dem Geld anfangen können, um ihr Leben zu verbessern. Natürlich sind auch skrupellose Mikrokreditgeber unterwegs, aber über die letzten vier Jahrzehnte hinweg hat sich doch gezeigt, dass weit mehr Menschen von Mikrofinanzierung profitiert haben als ausgebeutet wurden. Für WaterCredit galt das ganz besonders. Als ich jetzt auch noch erfuhr, dass die Kreditraten unterhalb der Kosten lagen, die durch irgendwelche Behelfslösungen entstanden waren, begann ich allmählich zu glauben, dass es tatsächlich so etwas wie eine marktbasierte Lösung für die Wasser- und Sanitärkrise geben könnte.

Noch mal: Die Idee, den Finanzsektor in unsere Pläne einzubeziehen, schien damals, als genau dieser Finanzsektor die Weltwirtschaft gerade in den Abgrund riss, erst einmal völlig abwegig. Was würde Yunus wohl dazu sagen? Zum Glück mussten wir nicht lange spekulieren. Yunus war ebenfalls auf der CGI, und er schlug inmitten all des ängstlichen, sogar wütenden kapitalismusfeindlichen Geredes ganz andere Töne an. »Wir müssen uns von der Sichtweise verabschieden, dass die Reichen die Geschäfte machen und die Armen die Almosen empfangen[68]«, sagte er in einem Interview. Er trat mit Nachdruck dafür ein, dass das Finanzwesen – im Jahr 2008 Staatsfeind Nummer eins – eine entscheidende Rolle dabei spielen könnte, Millionen Menschen aus der Armut herauszuhelfen. Und er wies die Ansicht entschieden zurück, dass es unsere Großzügigkeit sei, die am meisten für bessere Lebensumstände der ärmsten Menschen der Welt bewirken könne, nicht deren Eigeninitiative.

Ich dachte an meine Mutter und daran, wie sie mich immer davor gewarnt hatte, auf die Menschen herabzusehen, denen ich helfen wollte. Trotzdem war sie der Meinung, dass Spenden unerlässlich sind, genau wie ich und vermutlich jeder andere vernünftige Mensch auch. Was mich an der Idee der Mikrofinanzierung aber besonders ansprach, war die Prämisse, dass jeder Mensch, unabhängig von seinen wirtschaftlichen Verhältnissen, in der Lage ist, in seine eigenen Lösungen zu investieren und selbst zu entscheiden, wie diese Lösungen aussehen und wie sie umgesetzt werden sollen. Diese Idee basiert auf Respekt – das Gegenteil von Herablassung und Arroganz.

Wie wichtig dieser Grundsatz ist, erlebte ich nur wenige Monate später auf einer Reise nach Äthiopien. Dabei stieß unsere Gruppe auf einen Brunnen, dessen Bau wahrscheinlich 10 000 Dollar gekostet hatte und der jetzt verfiel. Da niemand in der Gemeinde in der Lage war, ihn zu reparieren, hatten sie in mühsamer Handarbeit einen weiteren Brunnen direkt daneben gegraben. Während unseres Besuchs saßen ein paar Kinder an diesem handgegrabenen Brunnen und tranken Wasser, das eher nach Kakao aussah. Würden meine Töchter jemals eine solche Brühe trinken, würde ich mich auf sie stürzen und ihnen den Becher aus der Hand schlagen. Nur würde das in diesem Fall nichts helfen – die Kinder tranken dieses Wasser, weil sie keine andere Option hatten; der gespendete Brunnen gab schließlich nichts anderes mehr her.

Vergleichen Sie diese Situation einmal mit den WaterCredit-Kunden, denen Gary im Rahmen seiner Pilotprogramme begegnet war. Sie zeigten ihm damals stolz die neu eingebauten Wasserhähne und Toiletten, die sie selbst ausgewählt, für die sie hart gearbeitet hatten und die sie unbedingt erhalten, wenn nicht noch optimieren wollten. Es kam nicht selten vor, dass die Leute voller Stolz ihre Kreditzettel hochhielten, auf denen die einzelnen Rückzahlungen verzeichnet waren.

Mir wurde damals eines klar: Die Kontrolle über das eigene Leben zu behalten – selbst zu bestimmen, wie die eigene Zukunft aussehen soll, und daran selbst zu arbeiten – ist genauso grundlegend wie das Bedürfnis nach Wasser.

Das Gespräch zwischen Gary und mir, das in jener riesenhaften Flüsterecke bei der CGI seinen Anfang genommen hatte, war der Beginn eines kontinuierlichen Austauschs, der nie wirklich zum Erliegen gekommen ist – bis heute. Im Laufe der folgenden Monate, als wir uns immer intensiver mit der Idee einer Zusammenarbeit auseinandersetzten – was eine solche Zusammenarbeit überhaupt bedeuten würde und wie wir sie umsetzen könnten –, löcherte ich Gary immer wieder mit Fragen. Einige davon waren, wenn ich ehrlich bin, ziemlich dämlich. Ich wusste irgendwie, dass sie dämlich waren – und Gary wusste das ganz sicher. Trotzdem antwortete er immer freundlich, geduldig und – das war offensichtlich – sehr klug. Tatsächlich waren Garys Antworten so gut, dass mein Bruder Kyle und ich instinktiv begannen, ihn auch mit ganz anderen Dingen zu behelligen, ihm wahllos die großen Fragen über das Leben an sich, übers Heiraten, über das Universum zu stellen – woraufhin uns Gary mehr als einmal darauf hinwies, was sein eigentliches Fachgebiet war: »Wasser, Jungs, Wasser. Damit kenne ich mich aus!«

Je mehr wir sprachen, desto mehr Vertrauen gewann ich in WaterCredit. Und gleichzeitig war ich davon überzeugt, dass WaterCredit, sollte das Projekt auf ein unvorhergesehenes Hindernis stoßen und sich unsere Hoffnungen zerschlagen, zu einem jener Fehlschläge werden würde, von denen wir später profitieren könnten. Natürlich würden wir irgendwann auf ein Hindernis stoßen, aber Gary war eindeutig der Typ, der direkt wieder aufsteht und auf die nächste Hürde zusteuert. Er würde nie einfach die Hände in den Schoß legen und sagen: So, das war's! – dafür war er viel zu sehr von seiner Arbeit überzeugt. Er besitzt diese entscheidende Mischung aus Kühnheit, die einen nie aufhören lässt, nach immer besseren Lösungen zu suchen, und Bescheidenheit, die einen dumme Fragen stellen lässt und die Bereitschaft mit sich bringt, Fehler zu machen. Von seiner Idee war ich eher vorsichtig überzeugt – aber dass wir genau auf einer Wellenlänge waren, daran hatte ich keinen Zweifel.

So begann die zweite große Männerfreundschaft meines Lebens (kein Wort darüber zu Ben Affleck!).

5

DIE ANFÄNGE VON WATER.ORG

Gary White

Matt Damon ist einfach ein großartiger Geschichtenerzähler. Wahrscheinlich bin ich ungefähr der millionste Mensch auf diesem Planeten, der das findet, aber es war wirklich das Erste, was mir an ihm auffiel.

Kurz bevor wir uns in einem Hotel-Ballsaal bei der Clinton Global Initiative (CGI) persönlich begegneten, saß ich bei einer Podiumsdiskussion über die Wasserkrise, an der auch Matt teilnahm, im Publikum. In weiten Teilen war es eine ganz normale Diskussion über internationale Entwicklungshilfe – also staubtrocken, selbst wenn es buchstäblich um Fragen von Leben oder Tod ging. Außer wenn Matt sprach. Immer wenn er das Mikrofon hatte, spürte ich, wie die Energie im Raum anstieg, wie sich die Leute um mich herum aufrichteten und aufmerksam zuhörten. Vielleicht liegt das auch daran, dass Matt berühmt ist. Aber vielleicht ist Matt auch gerade deshalb berühmt, *weil* er eine derartige Wirkung auf Menschen hat. Auf jeden Fall war mir und allen Anwesenden klar, dass Matt mit echter Leidenschaft für das Thema brannte.

Zum Abschluss der Diskussion fragte der Moderator Matt, wie es sich anfühle, mit seiner Arbeit Leben zu retten. Wir erwarteten vermutlich alle, dass jetzt eine typische Promi-Weltverbesserer-Antwort käme – wie wichtig es sei, etwas zurückzugeben, plus ein abschließender verbaler Schulterklopfer für uns alle und Dank für unsere gute Arbeit.

Matt aber hatte einen anderen Impuls und erzählte eine wahre Geschichte über einen Kannibalen, den er als klassischen Hannibal-Lecter-Typus beschrieb, mit einem entscheidenden Unterschied: Dieser Kannibale hatte ein williges Opfer gesucht. Also surfte er im Internet – wo auch immer Kannibalen sich so herumtreiben – und fragte, ob jemand bereit sei, sich verspeisen zu lassen. Es meldete sich eine schockierend hohe Zahl an Freiwilligen. Also sichtete er die Bewerbungen, fand einen, der ihm gefiel, und lud ihn zu sich nach Hause ein. Zum Kennenlernen gingen sie essen und ins Kino: *Ocean's Eleven*. Eine der Hauptrollen spielte – Sie ahnen es schon! – Matt Damon.

Die beiden sahen sich den Film an, und auf dem Weg nach draußen wandte sich das potenzielle Opfer an den Kannibalen und sagte: »Ich habe meine Meinung geändert. Ich will doch nicht, dass du mich isst.« Sie gaben sich die Hand und gingen getrennter Wege.

»Dadurch weiß ich«, sagte Matt, »dass ich geholfen habe, immerhin *ein* Leben zu retten.«

Eine wundervolle Freundschaft.

Gary auf den Philippinen – im Rahmen einer Aktion des von ihm gegründeten Student Engineering Network.

Gary als Spendensammler in Kansas City, Missouri, wo alles seinen Anfang nahm.

Das erste behelfsmäßige Büro von WaterPartners. Man beachte die Toilette am linken Bildrand. Ob Gary sich hier an einer Neuerfindung versucht hat oder etwas bei der Renovierung schiefgegangen ist, lässt sich heute nicht mehr sagen.

Eines der ersten WaterPartners-Projekte in Guatemala – das mit der wertvollen Lektion einherging, wie man Projekte nicht *für* eine, sondern *mit* einer Community aufzieht.

Sambia, 2006, auf der von Bonos Organisation durchgeführten Reise. Hier entdeckte Matt seine Leidenschaft für den Kampf gegen die Wasserkrise.

Eine junge Frau beim Wasserholen in Äthiopien. Kanister wie dieser wiegen in befülltem Zustand um die zwanzig Kilogramm.

Matt in seiner Filmrolle als Politiker (man beachte die gestreifte Krawatte) während der Dreharbeiten zu *Der Plan* bei einer Rede auf der (tatsächlich stattfindenden) Bill Clinton Global Initiative (CGI).

Feier anlässlich der Gründung von Water.org mit Ex-Präsident Clinton auf der Jahrestagung der Clinton Global Initiative (CGI) 2009.

Auf der CGI sollen »Ideen in Taten umgesetzt werden« – und genau so haben wir es erlebt. Als wir fünf Jahre nach unserer ersten Begegnung auf der CGI wieder dort waren, konnten wir berichten, wie Millionen Menschen über Water.org einen Zugang zu Wasser und/oder sanitären Anlagen erhalten haben.

Tanz mit Schulkindern in Puliyambakkam Village in Indien.

Gespräch mit einer Kreditnehmerin in Indien. Allein in Indien haben mehr als 15 Millionen Menschen über WaterCredit-Darlehen Zugang zu Wasser und/oder sanitären Einrichtungen erhalten.

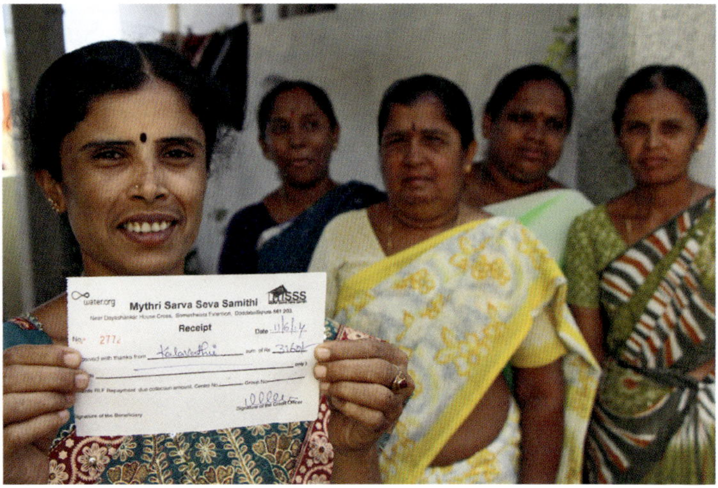

Kalavathi, eine Kreditnehmerin aus Indien, präsentiert stolz ihren »Kreditschein«. Dieser Mikrokredit wird das Leben ihrer Familie grundlegend verändern.

Blödeleien während der Dreharbeiten zum »Toilettenstreik«. Wie man sieht, schrecken wir vor nichts zurück, um auf unser Thema aufmerksam zu machen.

Matt fällt bei der Pressekonferenz zum »Toilettenstreik« kurz aus der Rolle.

Treffen mit dem ehemaligen Präsidenten der Weltbank Jim Yong Kim in Washington, DC. Dr. Kim erkannte sofort das Potenzial von Water.Credit, einen wesentlichen Beitrag zum Schließen der Finanzierungslücke – Kernproblem zur Lösung der globalen Wasserkrise – zu leisten.

Im Gespräch mit Shereen Bhan von CNBC beim Weltwirtschaftsforum 2017. Das nötige Kapital zur Bewältigung der Krise versuchen wir dort zu beschaffen, wo das Geld zusammenkommt – in Davos.

Besuch auf den Philippinen kurz vor Weihnachten 2019. Für Zeny Egoy (hier im Bild zwischen uns) ist ein Wasseranschluss kein Geschenk – es ist eine Investition in die Zukunft ihrer Familie.

Treffen mit Janine Bautista, einer Kreditnehmerin auf den Philippinen. Janine erzählte uns, wie sie ihre Familie Schritt für Schritt durch eine Investition nach der anderen aus der Armut geholt hat.

Ein Kind beim Spielen an einer Wasserpumpe in Äthiopien. Es geht doch nichts über die pure Freude am Wasser!

Als ich Matt in den nächsten Monaten näher kennenlernte, trug sich stets das gleiche Schauspiel zu. Nicht die Kannibalengeschichten (ich glaube, er hat nur die eine in petto), sondern das, was er bereits vorher geschafft hatte: Mit einer perfekt vorgetragenen Geschichte, Statistik oder Erkenntnis die Aufmerksamkeit der Zuhörerinnen und Zuhörer zu gewinnen und ihnen zu helfen, ihre eigene Leidenschaft für das Thema zu entdecken, indem er ihnen Zugang zu seiner eigenen verschaffte. Er ist einfach einer der besten Kommunikatoren, die ich je gesehen habe.

Und damals war ein außergewöhnlicher Kommunikator genau das, was WaterPartners am meisten brauchte. Bei allen Fortschritten, die wir gemacht hatten, blieb es eine ständige Herausforderung, die Menschen davon zu überzeugen, sich für die Wasserkrise zu interessieren – einfach weil sie – wie Matt bereits schrieb – nie gezwungen waren, sich ein Leben ohne Wasser vorzustellen. Und je weiter sich unser Ansatz entwickelte, desto komplizierter wurde es, unsere Geschichte zu erzählen. Anfangs konnten wir potenziellen Spendern noch sagen, dass ihr Geld zur Finanzierung eines Wassersystems beitragen würde. Das war ziemlich leicht – leicht zu erklären, leicht zu verstehen. Aber inzwischen war unsere wirkungsvollste Lösung schwieriger zu erklären als das Problem selbst. Statt »Helfen Sie uns, ein Wassersystem zu finanzieren«, baten wir: »Helfen Sie uns, Mikrofinanzinstitutionen dabei zu unterstützen, das Risiko von Kreditportfolios im Bereich Wasser und Sanitär zu managen.« Und das mit noch weniger Worten – ich kann aus Erfahrung sagen, dass es schwer ist, das kürzer oder klarer zu formulieren.

Mir war also von Anfang an bewusst, was für ein wertvoller Partner Matt für diese Arbeit wäre. Und als wir unsere Gespräche in den folgenden Monaten immer weiter intensivierten, erkannte ich, dass er nicht nur ein unglaubliches Talent fürs Geschichtenerzählen besaß, sondern auch einen scharfen politischen und strategischen Verstand, einen Glauben an Innovation und eine echte, ernsthafte Hingabe für diese Arbeit. Würde das Magazin *People* eine Extraausgabe für »Promi mit dem meisten Tiefgang« herausbringen, würde er es mit links auf die Titelseite schaffen. Mit unseren geteilten Werten und den unterschiedlichen Stärken, die wir jeweils mitbrachten, dachte ich, könnten wir etwas ganz Besonderes schaffen, wenn wir uns zusammentäten.

Aber keiner von uns arbeitete alleine in diesem Bereich: Wir leiteten beide eigene Organisationen und waren ihnen gegenüber verantwortlich. Bevor Matt und ich eine echte Partnerschaft eingehen konnten, mussten wir sicherstellen, dass unsere Mitstreitenden unsere Vision ebenfalls teilten. Je nach Perspektive und Grad des Vertrauens in die andere Seite kann eine Fusion sich wie ein Zusammenführen von Stärken oder wie ein Verlust von Identität und Autonomie anfühlen. Unseren jeweiligen Organisationen die Idee vorzuschlagen, erinnerte ein bisschen an das erste Treffen zweier Familien vor der Hochzeit – beide Seiten sind ob der angedachten Verbindung ein bisschen skeptisch.

Offen gesagt war unser Vorstand bei WaterPartners unruhig wegen Matt. Wie ernst würde ein Promi diese eher unattraktive Arbeit nehmen? Würde er sich nicht irgendwann langweilen und weiterziehen? Ich versicherte ihnen zwar, dass Matt die Arbeit genauso ernst nahm wie ich und er stundenlang über WaterCredit sprechen konnte (und das auch tat); aber das reichte nicht. Der Vorstand machte sich zudem Sorgen, dass Matt in einen großen Skandal verwickelt werden und WaterPartners diskreditieren könne. Nichts an Matts Person gab dem Vorstand Anlass zu dieser Sorge, er wirkte wie ein verlässlicher, loyaler Typ. Man sah das einfach als Berufsrisiko, wenn man mit Prominenten zusammenarbeitete. Und das konnte teuer werden. Nachdem Lance Armstrong 2013 sein Dopinggeständnis abgelegt hatte, wurde seine Wohltätigkeitsorganisation Livestrong als »LiveWrong« und »LieStrong« verspottet.[69] In den Jahren nach dem Skandal sank die Summe der jährlichen Spenden an die Stiftung von 41 Millionen auf 2,5 Millionen Dollar.[70]

Ich versicherte dem Vorstand, dass Matt meinem Eindruck nach tatsächlich – wie er das selbst nannte – einfach nur ein »alternder Vorstadt-Dad« war. Aber nicht jeder glaubte einem Jason Bourne solche Beteuerungen.

Bei Matts Organisation H_2O Africa war man mir gegenüber aus genau dem gegenteiligen Grund skeptisch: Außerhalb der kleinen Welt der Wasser- und Sanitärentwicklung war ich das, was man einen »Anti-Promi« nennen könnte. Das heißt: Kein Mensch wusste, wer ich war. Einige von Matts Partnern bei H_2O Africa hatte ich bereits kennengelernt – sie waren es, die den Kontakt zu Matt hergestellt hatten –, aber die anderen mussten erst noch überzeugt werden, dass unsere Organisation ein zentraler Player war. Matt und seine Partner bürgten für mich, so wie ich für ihn bürgte. Der Zufall wollte es, dass ich zeitgleich zum Skoll Foundation Social Entrepreneur ernannt wurde – eine der größten Auszeichnungen meines Lebens. Die von Jeff Skoll, dem ehemaligen Präsidenten von eBay, gegründete Stiftung unterzog jedes Jahr Tausende von Social Entrepreneurs einer strengen Prüfung und zeichnete einige wenige aus, von denen sie glaubte, dass sie am ehesten in der Lage seien, die Welt nachhaltig zu verbessern. Diese Auszeichnung gab den Leuten von H_2O Africa – und mir übrigens auch – mehr Vertrauen, dass WaterCredit wirklich das Potenzial hatte, von dem Matt und ich überzeugt waren.

Mit der Zeit besannen sich unsere beruflichen Familien – wie Familien es oft tun – und begrüßten unsere Verbindung. Und zwar nicht widerwillig, sondern enthusiastisch. Mitte 2009 bereiteten wir die Dokumente für die Fusion vor. Unsere neue Organisation brauchte einen neuen Namen. Als wir dazu brainstormten, kamen wir immer wieder auf Water.org – die URL, die ich vor über einem Jahrzehnt gekauft hatte. Sie war nicht protzig, aber traf den Nagel auf den Kopf. Wollen Sie etwas gegen die Wasserkrise unternehmen, wissen Sie, wo Sie die Antwort finden: Water.org (ganz richtig, das ist ein Werbeslogan).

Der Startschuss für Water.org erfolgte mit einer Pressemitteilung im Juli. Wir wollten durchaus Aufmerksamkeit, aber keinen Hype; eine große Galaeröffnung mit Matts Namen auf einem Banner hätte unserer Meinung nach eine falsche Botschaft vermittelt. Außerdem stand die CGI vor der Tür. Wir fanden es passend, Water.org dort zu präsentieren – was allerdings bedeutete, dass wir ein konkretes Projekt brauchten, ein »Commitment to Action«. Obwohl wir beide sehr begeistert von WaterCredit waren, beschlossen wir, dass unser erstes großes Projekt mit Water.org darin bestehen würde, unseren lokalen Partnern in Haiti große Zuschüsse zu Wassersystemen und Toiletten zu gewähren, die sie dann in Zusammenarbeit mit den Communities errichten würden. Das Land kämpfte noch immer mit den Folgen der letzten Hurrikansaison, bei der fast 800 Menschen ums Leben gekommen und unzählige Häuser und Gebäude zerstört worden waren. Als wir 2009 an der CGI teilnahmen, hatte nur etwas mehr als die Hälfte der Menschen in Haiti Zugang zu sauberem Wasser, und weniger als ein Drittel der urbanen Gebiete des Landes verfügte über reguläre Abwassersysteme[71]; das war, noch *bevor* das tragische Erdbeben 2010 einen Großteil der bestehenden Wasser- und Sanitärinfrastruktur zerstörte. Ein Reporter beschrieb die Situation nach dem Erdbeben folgendermaßen: »Für die meisten Menschen ist das Leben ein ständiger Kampf um Wasser«.[72] Wir wussten, dass WaterCredit langfristig mehr bewirken konnte, aber Haiti brauchte dringend kommunale Wasser- und Abwassersysteme, und Water.org konnte helfen.

Wir bekamen die Chance, unser Projekt auf der Hauptbühne der CGI zu präsentieren. 2008 kam der Tag, an dem ich mit Matt Damon und Ex-Präsident Bill Clinton zusammensaß und über die Wasserkrise diskutierte, einer der coolsten Tage meines Lebens. Fast genau ein Jahr später stand ich dann selbst mit den beiden auf der Bühne, um zu verkünden, dass Water.org 50 000 Menschen in Haiti zu sauberem Wasser und sanitären Einrichtungen verhelfen würde.

Eine Sache an dem Auftritt war interessant: Schaut man sich die Fotos im Internet an, sieht Matt aus, als habe er sich ein bisschen *zu* viel von Ex-Präsident Clinton abgeguckt. Matts Anzug hatte ein stereotypes Politiker-Blau, die Krawatte war rotblau gestreift, am Revers trug er eine Anstecknadel mit der US-amerikanischen Flagge. Er wirkte, als würde er die Leute gleich mit »folks« ansprechen. Und das war kein Zufall. Zu dieser Zeit spielte Matt einen Politiker in dem Film *Der Plan*. Die Produzenten wollten Aufnahmen von ihm mit berühmten Politikern aus der realen Welt – und natürlich gab es dafür kaum eine bessere Gelegenheit als die CGI. Also waren die Filmemacher mit von der Partie. Bei der Präsentation von Water.org nahmen sie Matt und mich auf der Bühne beim Händeschütteln mit Bill Clinton auf, und ich bekam einen einsekündigen Auftritt im Film.

Das Filmteam folgte Matt während der ganzen Veranstaltung auf Schritt und Tritt. Die Kameras waren ein wenig größer als die der Nachrichtenteams, fielen aber kaum auf. Wann immer Matt auf politische Kultfiguren traf, fragte er sie, ob sie bereit wären, in seinem kommenden Film mitzuwirken. So wurden diese Tage voller intensiver Gespräche über die Bekämpfung der Wasserkrise immer wieder von spontanen Filmszenen unterbrochen, in denen führende Politiker wie Jesse Jackson oder John Podesta vorbeikamen, um über politische Strategien zu sprechen. Die ehemalige Außenministerin Madeleine Albright nutzte ihren Moment mit Matt vor der Kamera, um zu erklären, warum wir den Ländern Aufmerksamkeit schenken sollten, die normalerweise bei Diskussionen über geopolitische Strategien ignoriert würden.

Ich werde immer wieder gefragt, wie es ist, mit einem Filmstar zusammenzuarbeiten. Darauf habe ich keine gute Antwort, es war ja bisher nur der eine, und der ist in den meisten Belangen so normal wie jeder andere Mensch auch. Aber wie der CGI-Besuch zeigt, kann es manchmal doch ein bisschen surreal werden.

Nachdem wir Water.org ins Leben gerufen hatten, begann WaterCredit schnell zu wachsen. Die Leute wollten Matt wie gesagt einfach nur zuhören, und nun bekamen sie eben unsere

Geschichte zu hören. Sobald wir ihre Aufmerksamkeit hatten, konnten wir die wachsenden Belege dafür anführen, dass WaterCredit funktionierte. In meiner langen Zeit bei WaterPartners hatten wir 335 000 Menschen mit sauberem Wasser und/oder sanitären Einrichtungen versorgt. Im Jahr 2012, nur ein paar Jahre nach der Gründung von Water.org, erreichten wir die erste Million.

Da sich die Belege für den Erfolg der Kreditprogramme täglich mehrten und die Skoll Foundation uns unterstützte, wurde es einfacher, große Stiftungen für Zuschüsse zu gewinnen, mit denen wir mehr Menschen schneller als je zuvor erreichen konnten. Die Michael and Susan Dell Foundation und Reckitt, eines der größten Gesundheitsunternehmen der Welt, stellten jeweils ausreichend Mittel zur Verfügung, um etwa 50 000 Menschen mit Wasser und sanitären Einrichtungen zu versorgen; mit Spenden der PepsiCo Foundation erreichten wir fast drei Millionen Menschen, und die Stiftungen von Caterpillar und Ikea gaben jeweils Mittel für über sechs Millionen Menschen.

In der internationalen Entwicklungszusammenarbeit funktionieren Ideen, die in Pilotprogrammen gut laufen, in der Realität oft schlechter, wenn sie in größerem Umfang umgesetzt werden. Nicht jeder Erfolg ist skalierbar. Aber in unserem Fall war das Gegenteil der Fall: WaterCredit funktionierte besser, je größer es wurde. Als die MFI ihre Kreditprogramme effektiver verwalteten und mehr und mehr Mikrokredite vergaben, stieg die Rückzahlungsquote tatsächlich an. Heute zahlen 99 von 100 (!) Kreditnehmern ihren Kredit vollständig und pünktlich zurück.

Für mich war das nicht nur eine Bestätigung von WaterCredit. Es widerlegte auch einen rein wohltätigen Ansatz – bei der Bekämpfung der Wasserkrise, aber auch allgemein.

Ich weiß, dass es sich wahrscheinlich seltsam anfühlt, wenn negativ über Wohltätigkeit gesprochen wird, und ich möchte diese Arbeit auf keinen Fall diskreditieren. Wohltätigkeit hat fast immer einen guten Grund, und sie macht das Leben der Menschen tatsächlich besser. Und bei so großen Herausforderungen wie der Wasserkrise muss Wohltätigkeit definitiv ein Teil der Lösung sein.

Das Problem entsteht meiner Meinung nach, wenn wir Menschen in Armut *ausschließlich* als Empfänger von Almosen betrachten. Wenn wir über Menschen in Armut nur hören, dass sie unsere Hilfe brauchen – wenn wir nur von den zu lösenden Problemen in ihrem Leben hören –, dann sind wir darauf konditioniert, sie nur als angesichts gewaltiger Herausforderungen machtlose Masse von Menschen zu sehen. Mit dieser Perspektive verdecken wir jedoch ihre Vielfalt und werden blind für ihre Kraft.

Sie haben doch bestimmt schon einmal einen Spendenaufruf erhalten, um Menschen zu helfen, die »nichts« haben. Und wenn man Zehn- oder Hunderttausende von Dollar oder Euros im Jahr verdient, dann erscheint es ja auch, dass Menschen, die nicht mehr als einen, zwei oder vier Dollar am Tag zur Verfügung haben, *tatsächlich* von fast nichts leben müssen. Kleine Einkommensunterschiede erscheinen geringfügig, ja sogar irrelevant.

Aber im Laufe der Jahre haben mir Gespräche mit Menschen in armen Gegenden gezeigt, wie sehr diese Unterschiede ins Gewicht fallen. Wenn man von einem Dollar pro Tag auf zwei Dollar pro Tag kommt, ist das eine Steigerung um 100 Prozent. Ein Sprung von zwei Dollar auf vier Dollar pro Tag bedeutet erneut eine Verdoppelung des Einkommens. Stellen Sie sich vor, wie sehr sich Ihr Leben verändern würde, wenn sich Ihr Gehalt verdoppelte! Dieser Sprung verändert auch das Leben von Menschen in Armut drastisch. Ich habe Menschen getroffen, die keinen Zugang zu sauberem Wasser hatten und sich nicht einmal einen zweiten Plastikeimer zum Wasserholen leisten konnten. Ich habe auch Menschen getroffen, die gezwungen waren, jeden Tag beträchtliche Geldbeträge auszugeben, um verschmutztes Wasser von Tankwagen zu kaufen. In beiden Fällen sind die Menschen in Armut gefangen – aber auf unterschiedlichen *Ebenen* der Armut. Ihre Lebensrealitäten unterscheiden sich stark.

Wäre ich in der Wirtschaft, würde ich sagen, wir müssten den Markt segmentieren. Natürlich gibt es Menschen, deren Einkommen (wenn sie denn eines haben) so niedrig ist, dass sie auf Wohltätigkeit angewiesen sind. Konzentrieren wir uns aber nur auf diese, verlieren wir aus dem Blick, wie viele andere bereit sind, ihren eigenen Aufstieg voranzutreiben – wenn wir nur beim Wegräumen der Hindernisse behilflich wären, die ihnen im Wege stehen.

Das aber ist eine große verpasste Chance – denn wenn Menschen in Armut in der Lage sind, auch nur ein bisschen in ihre eigene Zukunft zu investieren, verfügen sie selbst über die größte Expertise, wie sie den größtmöglichen Nutzen aus dieser Investition ziehen können.

Das habe ich bei meinen Besuchen in den Communities, in denen WaterCredit tätig war, selbst erlebt. Ich traf Frauen wie Janine. Matt und ich sprachen mit ihr, als wir 2019 die Philippinen besuchten. Sie hat drei Kinder und will wie wir alle das Beste für ihre Familie – und deshalb muss sie jeden einzelnen finanziellen Schritt ihrer Familie äußerst strategisch angehen.

Als ihre Kinder klein waren, brachte Janine ein unglaubliches Opfer: Sie ging nach Bahrain, um einen besser bezahlten Job anzunehmen und das verdiente Geld nach Hause zu schicken. Janine zeigte uns ein Foto an der Wand – ein Familienfoto kurz vor ihrer Abreise. Ihre Tochter war noch ein Kleinkind mit Babyspeck im Gesicht. Als Janine auf die Philippinen zurückkehrte, war aus ihrer Tochter ein schlaksiges Kind geworden. Wie schwer es gewesen sein muss, gerade diese so wichtigen ersten Jahre im Leben ihres Kindes zu verpassen, mag ich mir gar nicht vorstellen.

Janines Aufopferung ermöglichte ihrer Familie aber genau den Start, den sie brauchte. Nachdem sie sich zu Hause wieder eingelebt hatte, nahm sie eine Reihe von Mikrokrediten auf, die sie später alle zurückzahlte: Kredite, um ihre Geschäfte mit Lebensmittelverkauf und Frischfleischauslieferung aufzubauen, und dann, als diese abbezahlt waren, Kredite, um ihrer Familie ein schönes Zuhause zu schaffen, und dann – zu guter Letzt – einen Kredit für einen Wasseranschluss. Jede Verbesserung bedeutete einen weiteren Schritt aus der Armut heraus. Es kam mehr Geld herein, es ging weniger Geld hinaus, und sie hatten mehr Zeit und Energie, sich eine Zukunft nach den eigenen Vorstellungen aufzubauen.

Diese Entschlossenheit sah ich in jeder Community, die ich besuchte. Eine andere Frau fällt mir ein, die ich in Ghana traf, Mama Florence Waswa, Mutter und Großmutter. Sie hatte von weniger als drei Dollar am Tag gelebt und keine Möglichkeit gehabt, mehr zu verdienen, weil sie die meiste Zeit damit verbringen musste, auf einem Fahrrad herumzufahren, um Wasser für ihre Familie zu holen.

Doch dann bekam sie einen Kredit über etwa dreihundert

Dollar. Mit diesem Geld, erzählte sie, konnte sie eine Wasserpumpe und einen Wassertank in ihrem Haus installieren. Dadurch kann sie Gemüse anbauen und verfüttert einen Teil davon an die Schweine, die sie sich zugelegt hat. Außerdem nutzt sie das Wasser, um Lehmziegel herzustellen – und die verkauft sie auch. Mit den Ziegeln stockte Mama Florence außerdem ihr Haus um ein paar Zimmer auf, die sie vermietet – eine weitere Einnahmequelle. Und bei alldem hat sie immer noch so viel Wasser übrig, dass sie den Überschuss an ihre Nachbarn verkaufen kann und damit genug Geld verdient, um ihre Enkelkinder zur Schule zu schicken. Als sie endlich von der Last des ständigen Wasserholens befreit war, sprudelte all dieses unternehmerische Potenzial aus ihr hervor.

Menschen wollen sich etwas Besseres aufbauen, egal wo auf der Welt. Ich hörte immer wieder Menschen zu, die von den Plänen berichteten, die sie für ihre Familien hatten, von den Opfern, die sie brachten, und den Investitionen, die sie machten, um ihre Zukunft zu verbessern. Nur sahen sie sich mit wesentlich größeren Hindernissen konfrontiert, als es die meisten von uns in Ländern wie den Vereinigten Staaten tun.

Und trotzdem überwinden so viele Menschen diese Hindernisse, überall auf der Welt, auf den Philippinen, in Ghana – überall. Ich hörte von aufregenden Geschäftsideen, von großen Plänen für die Ausbildung der Kinder, von Sparzielen, die endlich in den Bereich des Möglichen rückten. Ich sah Familien, die ihre Häuser an das Stromnetz anschlossen, Gasherde kauften, um nicht mehr über offenem Feuer kochen zu müssen, und Dächer deckten, die tatsächlich den Regen abhielten. Ich erlebte also, wie sich Familien aus der Armut befreiten.

Und das alles war Teil eines größeren globalen Wandels. Seit ich in den 1980er-Jahren mit meiner Arbeit begann, haben sich so viele Familien aus Armut befreit, dass sie die Welt um sich herum veränderten. Ich sah den Wandel deutlich, weil ich über Jahrzehnte Länder mit niedrigem Einkommen besucht habe. Oft reiste ich nach fünf oder zehn Jahren erneut in ein Land und erkannte es kaum wieder: Wo früher Slums oder karge Felder gewesen waren, gab es jetzt belebte Straßen, pulsierende Märkte und Wohngebäude. Die Welt veränderte sich direkt vor meinen Augen. Selten habe ich etwas gesehen, das mir so viel Hoffnung machte.

Manchmal ist es schwer, diesen Wandel wahrzunehmen oder an ihn zu glauben, weil es nach wie vor extreme Armut gibt und es wehtut, sie aus nächster Nähe zu erleben. Vielleicht klingt es naiv, wenn man darüber redet, wie viel besser die Dinge werden, während so viele Menschen immer noch leiden. Aber wir können – und müssen – uns auf beide Realitäten gleichzeitig konzentrieren. Denn wenn wir die positiven Veränderungen um uns herum ignorieren, sind wir blind für eine der wichtigsten Fortschrittsnarrative unserer Zeit.

Diesen Blick auf die Dinge hat mir ein schwedischer Arzt und Professor für internationale Gesundheit namens Hans Rosling eröffnet, der vor einigen Jahren verstorben ist. Er sprach klarer über Armut als jeder andere, dem ich je begegnet bin, und verbrachte sein Leben damit, um die Welt zu reisen und die, wie er es nannte, »verheerende globale Ignoranz« zu bekämpfen.[73] Er stellte den Menschen fast überall, wo er hinkam, dieselbe Frage: *Hat sich der Anteil der in Armut lebenden Weltbevölkerung Ihrer Meinung nach in den letzten zwanzig Jahren (a) fast verdoppelt, (b) kaum verändert oder (c) fast halbiert?*[74]

Weltweit antworteten 93 Prozent der von Rosling befragten

12 000 Personen mit a oder b. Demnach lagen fast alle falsch. Die richtige Antwort lautet c. In den letzten zwanzig Jahren hat sich der Anteil der in Armut lebenden Menschen halbiert. Die Communities, in denen ich solch unglaubliches Wachstum beobachtete, waren keine Ausnahmen – sie standen stellvertretend für den Wandel, der auf der ganzen Welt stattfand. Aber fast niemand sprach darüber. Rosling kommentierte, dass ein Affe – der natürlich dem Zufallsprinzip folgt – diese Frage häufiger richtig beantworten würde als ein Mensch.[75]

Den Rückgang extremer Armut sah Rosling als die global gesehen wichtigste Veränderung, die zu seinen Lebzeiten stattgefunden habe. Vermutlich kann nichts mehr Leid im Leben eines Menschen verringern als das Ende extremer Armut. Es bedeutet, dass man zwischen den Ernten keine »Hungerzeiten« mehr erlebt. Dass man nicht mehr an leicht vermeidbaren Krankheiten stirbt, weil man sich die grundlegendsten Medikamente nicht leisten kann. Dass man sein Leben nicht mehr damit verbringt, Eimer mit verschmutztem Wasser von einem weit entfernten Brunnen zu holen.

Diese Veränderungen vollziehen sich in einem atemberaubenden Tempo. Max Roser, Wissenschaftler an der Universität Oxford, formulierte es vor einigen Jahren so: »Die Zeitungen hätten in den vergangenen fünfundzwanzig Jahren jeden Tag die Schlagzeile ›Die Zahl der Menschen in extremer Armut ist seit gestern um 137 000 gesunken‹ bringen können.«[76]

Das bedeutet, dass in den kommenden Jahrzehnten Hunderte Millionen Menschen aus extremer Armut herauskommen – und zu einer Quelle enormen Wirtschaftswachstums werden. Wenn wir in sie investieren, werden sie den Kreislauf der Armut weiter durchbrechen und ihr Leben verbessern. Und mit jedem weiteren Dollar, den sie verdienen, haben sie mehr Kraft, um ihren Aufstieg voranzutreiben.

Betrachtet man Menschen in Armut auf diese Weise, ergibt es keinen Sinn mehr, so über sie zu sprechen, wie es viele Menschen in der reichen Welt gerne tun: *als ein Problem, das gelöst werden muss.*

Stattdessen sieht man sie als einen *Markt, der bedient werden will.*

Und das, so erkannten wir bei Water.org, ist genau die Veränderung der Denkweise, zu der wir beitragen müssen. Wir wollen, dass die Menschen in den wohlhabenden Ländern aufhören, über Communities, die mit Herausforderungen kämpfen, zu sprechen, als ob sie hilflos wären – als ob ihre einzige Chance auf eine bessere Zukunft in unserem Mitleid und unserer Wohltätigkeit läge. Wir wollen, dass alle das Potenzial erkennen, ihre Stärke, ihren Ehrgeiz und ihre Initiative respektieren und ihnen helfen, ihre eigene Kraft zu nutzen.

Ex-Präsident Clinton, der Water.org von Beginn an kannte, zeigte sich immer sehr erfreut darüber, auf den neuesten Stand gebracht zu werden und die neuesten Ergebnisse von uns zu hören. Er verstand die Idee und ihr Potenzial sehr genau, und ein paar Jahre nach dem Start unserer Organisation gab er uns einen Ratschlag, den wir immer noch als Mantra betrachten: »Fahrt die Zahlen weiter hoch«, sagte er. »Fahrt die Zahlen einfach weiter hoch.«

Und genau das haben wir getan. Wir bewiesen, dass wir keine weitere Wasser-NGO sind, die mit Tippelschritten Veränderungen anstrebt. Es ging uns um Innovation, um die Entwicklung besserer Lösungen, skalierbarer Lösungen. Und wir wussten, dass wir das nur dann erfolgreich umsetzen können würden, wenn die Lösungen so gut waren und an so vielen Orten funktionierten, dass niemand sie ignorieren konnte. Also trafen wir die schwere Entscheidung, unsere Mitarbeit an subventionierten kommunalen Wasserprojekten zu beenden. Damals wurde das Modell bereits von zahllosen anderen Wasser-NGOs verfolgt – doch wir erreichten wesentlich mehr Menschen, wenn wir unsere ganze Energie auf WaterCredit konzentrierten.

Es war viel harte Arbeit vom ganzen Team erforderlich, um Durchbrüche zu erzielen und unsere Zahlen tatsächlich hochzufahren. Ganz am Anfang in den 1980er-Jahren waren wir alle Freiwillige gewesen – bei mir angefangen –, die alle irgendwann mal jeden Job erledigten. Aber für echte Innovation braucht man Profis. Spitzenkräfte einzustellen, kann für eine NGO eine finanzielle Herausforderung sein, aber mit zunehmendem Wachstum holten wir mehr Spender an Bord, und unsere Einnahmen stiegen. Außerdem erwarben wir uns den Ruf eines innovativen Teams, das das Wasserwohltätigkeitsparadigma durchbrach. Das half uns dabei, passionierte, engagierte, kompetente Menschen zu rekrutieren. Ich schuf eine neue Position und stellte Jennifer Schorsch, eine superkluge und engagierte MBA-Harvard-Absolventin, als Präsidentin ein. Wir begannen ein Team aufzubauen, das inzwischen mehr als einhundertdreißig Mitarbeitende umfasst, die über unterschiedlichste Fähigkeiten verfügen, darunter fundierte Kenntnisse im Finanz- und Mikrokreditwesen.

Mit einem so starken Team, das uns beim Wachsen half, fanden wir neue Partner an neuen Orten. Wir expandierten weltweit und lernten von führenden MFI- und Bank-Mitarbeitenden wie Kamrul Tarafder auf den Philippinen, Ana Maria Zegarra Leyva in Peru und James Mwangi in Kenia. Alles unglaubliche Fachleute, die uns geholfen haben, das Modell an verschiedene Gegebenheiten anzupassen.

Unsere Entwicklung nahm rasant an Fahrt auf. Ich fühlte mich ähnlich wie in den 1980er-Jahren, als ich mit der Arbeit angefangen hatte – ich hatte das Gefühl, dass wir die Wasserkrise vielleicht wirklich eines Tages für immer beenden könnten. Aber dieses Mal war es keine jugendliche Naivität. Diesmal basierten meine größten und kühnsten Ambitionen wirklich und wahrhaftig auf Fakten. Mir war allerdings klar, dass wir in der Öffentlichkeit ein bisschen zurückhaltender, zugeknöpfter und verantwortungsvoller auftreten mussten, wenn wir glaubwürdig bleiben wollten. Jedes Mal, wenn Matt oder ich bei einem Interview oder auf einer Podiumsdiskussion ein wenig zu sehr über die Fortschritte, die wir zu erzielen hofften, ins Schwärmen gerieten, warfen wir uns einen warnenden Blick zu.

Nachdem ich aber gesehen hatte, wie schnell sich die Communities veränderten, fiel es mir immer schwerer, meine Begeisterung zu zügeln. Ich erinnere mich an eine Strategiesitzung, die ungefähr zeitgleich stattfand – Vorstandsmitglieder, Beratende, das ganze Team. Es waren etwa zwanzig Personen im Raum. Irgendwann fragte jemand, was wir als wichtigstes Ziel von water.org bezeichnen würden. Ohne darüber nachzudenken, platzte ich mit dem Ziel heraus, über das Matt und ich bisher nur unter vier Augen gesprochen hatten. »Wir wollen die Wasserkrise lösen – zu unseren Lebzeiten.«

Schweigen.

Lynn Taliento, damals unsere brillante Vorstandsvorsitzende, warf Matt einen Blick zu, der sagte: *Der Typ ist verrückt*. Und als ich ihn anblickte, sah er mich mit *dem Blick* an. Es folgte ein bisschen unbeholfenes Gelächter. Allen voran mein eigenes. Dann fragte jemand: »Hm, über wessen Lebenszeit reden wir hier eigentlich? Wer ist hier der Jüngste und Gesündeste von allen?« Plötzlich führten wir ein ernsthaftes Gespräch über versicherungsmathematische Tabellen und darüber, ob sich das tatsächlich auf einer Zeitachse abbilden ließe. Das war eigentlich gar nicht mein Ziel gewesen. Ich hatte sagen wollen, dass das Ziel, die globale Wasserkrise zu beenden, zwar kühn, aber kein weit entferntes, utopisches war. Es bedurfte keines großen technologischen Durchbruchs – wie ein Heilmittel gegen Krebs oder AIDS. Es brauchte auch keine großen diplomatischen Anstrengungen, Verhandlungen oder schmerzhaften Zugeständnisse, wie sie beispielsweise zur Lösung des Nahost-Konflikts notwendig wären. Was es brauchte, war erstens die Erkenntnis, dass es möglich war, und zweitens die Mittel, um es möglich zu machen.

Beides keine Kleinigkeiten. Aber wenn man erst einmal anfängt, die Dinge auf diese Weise zu betrachten, erscheint der Vorschlag, dass wir das zu unseren Lebzeiten schaffen können, nicht mehr völlig unverantwortlich. Dann scheint es eher unverantwortlich, das Gegenteil zu behaupten. Die Aussage »Das schaffen wir nicht« wirkt dann wie ein Mangel an Vorstellungs- oder Willenskraft.

Meine spontane Bemerkung wurde schließlich zum Titel des Weißbuchs, das aus den Strategiesitzungen hervorging. Wir nannten es *In Our Lifetime*. Seit diesem Zeitpunkt bestimmt es das Hauptziel von water.org. Unsere Mission besteht nicht nur in der Bekämpfung der globalen Wasserkrise. Unsere Mission ist es, ein für alle Mal eine Lösung für diese Wasserkrise zu finden – und zwar zu unseren Lebzeiten.

6

DIE GROSSE IDEE – KLAPPE, DIE ZWEITE

Matt Damon

Im August 2013 befanden Gary und ich uns auf einer mehrstündigen Fahrt durch den Südosten Indiens und waren frustriert. Und das lag nicht nur am Verkehr.

Normalerweise fuhren wir energiegeladen und voller Vorfreude zu den Communities, in denen WaterCredit aktiv war. Wir sprachen mit Frauen, die einen Kredit für Wasser und sanitäre Anlagen aufgenommen hatten, und ließen uns erzählen, was sie mit ihrer neu hinzugewonnenen Zeit anfingen. Wir besuchten Schulen und sangen mit den Kindern einen Zahnputz-Refrain. Und wenn wir die Leute von den Mikrofinanzinstituten trafen, bekamen wir jedes Mal dieselbe gute Nachricht zu hören: Die Kredite wurden zu rund 99 Prozent zurückgezahlt.

Aber diesmal herrschte bei einigen MFI eine andere Stimmung – was nicht wirklich überraschend kam. Wir hatten schon seit Monaten gehört, dass die Kreditprogramme deutlich weniger Menschen erreichten als gedacht. Die Rückzahlungsraten waren nicht das Problem – nur was war es dann? Genau das galt es herauszufinden.

Allen MFI-Mitarbeitenden, die wir trafen, stellten wir dieselbe Frage: »Was ist im Moment euer größtes Problem?« Und fast ausnahmslos alle antworteten dasselbe: »Was uns fehlt, ist ein dauerhafter Zugang zu erschwinglichem Kapital.«

Eine der größten Herausforderungen für MFI besteht darin, ihre Kredite bezahlbar zu halten. Die Überprüfung und Verwaltung eines 200-Dollar-Kredits ist genauso aufwendig wie die eines 20 000-Dollar-Kredits; hinzu kommt, dass in den meisten Ländern, in denen wir arbeiten, eine hohe Inflation herrscht. Deshalb müssen die MFI häufig höhere Zinsen verlangen, als ihnen lieb ist, um ihre Kosten zu decken und dazu einen angemessenen Gewinn zu erzielen.

In den meisten Fällen hatten die MFI bisher einen passablen Mittelweg für diese Herausforderung gefunden. Wirklich problematisch wurde das Ganze erst, als sie die Anzahl der von ihnen vergebenen Kredite für Wasser- und Sanitärversorgung deutlich steigern wollten – was natürlich der Sinn der Sache war. Dazu brauchten sie mehr Geld – keine Beträge, die sie vielleicht noch in irgendeinem Safe herumliegen hatten, sondern wirklich *viel* mehr Geld. Geld, das man nur von einer großen Geschäftsbank bekommt. Nur konnten sich die großen Banken einfach nicht vorstellen, wie bettelarme Menschen einen Kredit zurückzahlen sollten, der überhaupt kein Einkommen generierte. Das ganze Konzept war völlig neu für sie. Also veranschlagten sie einen hohen Preis für ihr Risiko und berechneten den MFI extrem hohe Zinsen – um die fünfzehn Prozent.

Um die Verwaltungskosten für die vergebenen Kredite zu decken, ihren eigenen Kredit an die Großbanken zurückzuzahlen und dann selbst noch einen kleinen Gewinn einzustreichen, müssten die MFI von ihren Kunden – die zu den ärmsten Menschen der Welt gehörten – einen Zinssatz von rund fünfundzwanzig Prozent verlangen. An dem Punkt werden die meisten Kreditnehmer aus dem Markt gedrängt. Dass man nur im allergrößten Notfall Schulden bei Kreditkartenunternehmen machen sollte, weil die Zinsen dafür so hoch sind, ist allgemein bekannt. Nun, im Durchschnitt verlangen die Kreditkartenunternehmen in den Vereinigten Staaten sechzehn Prozent – das nur als Vergleich.[77]

Ziel der MFI war es ja, die Menschen zu unterstützen – nicht, sie unter einem Schuldenberg zu begraben. Könnten sie also ihre Zinssätze nicht bald senken, würden die meisten MFI in Kürze keine neuen Kredite mehr vergeben.

»Ein dauerhafter Zugang zu erschwinglichem Kapital.« Daran mangelte es vor allem, das bekamen wir immer wieder zu hören. Solange die MFI keine ergiebige und erschwingliche Geldquelle fänden, würden sie auch nur eine begrenzte Anzahl an Krediten vergeben können.

Gary und ich waren davon ausgegangen, dass wir letztlich jedem, der es brauchte, einen erschwinglichen Kredit ermöglichen könnten – genau das hatte uns ja so begeistert an WaterCredit, und nur deshalb hatten wir uns überhaupt getraut, von der endgültigen Überwindung der Wasserkrise zu sprechen. Aber jetzt schienen wir bereits hier an eine Grenze zu stoßen. Und diese Grenze würden wir nur dann durchbrechen können, wenn wir irgendwie einen Weg finden würden, den MFI einen stetigen Strom an erschwinglichem Kapital zufließen zu lassen.

Zu Beginn unserer Zusammenarbeit hatten Gary und ich uns auf eine Regel verständigt, die Ben Affleck einmal für unsere Drehbuchsitzungen aufgestellt hatte: »Beurteile mich stets nach der Qualität meiner guten Ideen, nicht nach der Schwäche meiner schlechten Ideen.« Damals in Indien auf der Rückbank eines Jeeps konnte ich mir daher einen Vorschlag erlauben, der möglicherweise eine richtig schlechte Idee war: »Wenn die MFI nicht an erschwingliches Kapital herankommen«, meinte ich, »warum beschaffen *wir* es dann nicht einfach für sie?«

Als ich klein war, arbeitete mein Vater Kent Damon als Börsenmakler – über Finanzen wusste ich daher gerade genug, damit es gefährlich werden konnte, wie es so schön heißt. Ich hatte jedenfalls den Eindruck, dass es da draußen riesige Geldvorräte gab, die wir doch wohl anzapfen können sollten. Weltweit werden jedes Jahr rund 161 Milliarden Dollar für Entwicklungshilfe bereitgestellt.[78] Das ist eine Menge. Allerdings nur, wenn man davon absieht, dass sich das auf den globalen Märkten befindliche Kapital auf etwa 250 Billionen Dollar beläuft.[79] Was erheblich mehr ist – über 1500-mal mehr, um genau zu sein. Diese Art Geld haben Nonprofit-Organisationen aber normalerweise nicht auf dem Schirm – denn Investitionskapital soll in der Regel eine finanzielle Rendite abwerfen. Das Geld, das Einzelpersonen und Unternehmen bislang an Water.org gespendet hatten, war dagegen nicht mit der Erwartung einer Rendite verbunden gewesen. Die Grundidee hinter gemeinnützigen Spenden ist ja gerade, dass es, nun ja, um Gemeinnützigkeit geht. Du gibst, damit andere ein besseres Leben führen können, und erwartest nicht, dafür je etwas zurückzubekommen. Aber warum sollten wir Einzelpersonen und Organisationen eigentlich nicht um eine andere Art von Beitrag bitten? Was, wenn wir einige unserer Förderer bitten würden, ihr Geld nicht einfach zu spenden, sondern es zu investieren und dafür eine bescheidene Rendite zu erhalten?

Gary zufolge finanzierten auch andere Organisationen ihre Arbeit mit Investitionskapital. Er war zwar unsicher, ob uns das auch gelingen würde, sah aber keinen Grund, warum wir es nicht zumindest versuchen sollten. Genauso sah ich das auch. Ich sei fest davon überzeugt, sagte ich zu Gary, dass es Investoren gebe, die ein gewisses Risiko und eine geringere Rendite in Kauf nehmen würden, wenn sie dafür etwas zur Verbesserung der Lebensumstände anderer beitragen könnten. Ich jedenfalls würde das machen. Und das wäre ja schon einmal ein Anfang. »Wenn wir das hinbekommen, bin ich der Erste, der investiert«, sagte ich.

An einem unserer letzten Abende der Reise luden wir die Vorsitzenden mehrerer indischer MFI in Bangalore zum Essen ein. »Wenn wir euch Kapital zur Hälfte der Kosten, die ihr jetzt dafür zahlt, zur Verfügung stellen würden, wie viele Menschen könntet ihr dann erreichen?«

»Doppelt so viele wie jetzt«, meinte einer von ihnen.

»Und wie schnell könntet ihr anfangen?«

Auch diesmal kam die Antwort wie aus der Pistole geschossen: »Morgen.«

Hat man das Glück, Geld auf der Bank zu haben, das man so bald nicht braucht, und will man es aber nicht einfach herumliegen lassen, sehen die meisten Leute zwei Möglichkeiten: Entweder spendet man einen Teil davon an eine gemeinnützige Organisation und tut damit Gutes in der Welt, oder man investiert es am Markt und tut damit im besten Fall Gutes für die eigenen Finanzen. In Fall eins nimmt man in Kauf, überhaupt keinen Profit zu erzielen, in Fall zwei strebt man nach maximaler Rendite.

Garys und mein Konzept passte weder in die eine noch in die andere Kategorie. Es ging nicht um rein wohltätiges Spenden, aber es war auch nicht die Art von Investition, die auf die größtmögliche Rendite abzielt. Es war irgendwas dazwischen. Wir fanden unsere Idee gar nicht besonders radikal; man sollte doch meinen, dass es zwischen diesen beiden Ansätzen einen relativ großen Spielraum gebe, oder nicht? Aber als wir unsere Idee mit klugen Leuten aus der Welt der gemeinnützigen Stiftungen wie aus der Finanzbranche diskutierten und sie in der Praxis testeten, beschlich uns das Gefühl, dass die Sache gar nicht so einfach an den Mann zu bringen sein würde. Die Diskrepanz zwischen Spende und Investment erschien vielen wie dieses Apfel-Orangen-Ding, dieser Hybrid, den man von Fotos kennt, und wir in unserer Naivität versuchten, den Leuten eine solche, sagen wir, Apfelorange schmackhaft zu machen.

Wäre ich damals schon mit dem Bestseller *Denken hilft zwar, nützt aber nichts* vertraut gewesen, hätte mich diese Reaktion wohl weniger überrascht. Der Autor Dan Ariely, ein Verhaltensökonom, vertritt darin die Ansicht, dass wir alle nach zwei unterschiedlichen Wertesystemen leben – und dass wir je nach Situation zwischen diesen beiden hin- und herwechseln. Auf der einen Seiten sind da die *sozialen Normen*, im Rahmen derer wir instinktiv selbstlos agieren und dafür sorgen wollen, dass der andere bekommt, was er braucht.[80] Und auf der anderen Seite gibt es die *Normen des Marktes*, denen zufolge wir instinktiv möglichst effizient handeln, die eigenen Bedürfnisse an erste Stelle setzen und danach streben, mit minimalem Einsatz den größtmöglichen persönlichen Nutzen zu erzielen.[81] Da sich aber die Normen des Marktes und die sozialen Normen voneinander wegbewegen, ist es kaum möglich, beide gleichzeitig zu erfüllen. Deshalb wechseln wir auch permanent zwischen ihnen hin und her. Oder wie Ariely es ausdrückt: »Sobald Marktnormen Eingang in unsere Überlegungen gefunden haben, spielen die sozialen Normen keine Rolle mehr.«[82]

Für dieses Phänomen gibt es zahlreiche Beispiele. So beschreibt Ariely exemplarisch den Fall der AARP (»American Association of Retired Persons«), eine Art US-amerikanische Lobbyorganisation für Ruheständler. Um Rentnern eine erschwingliche Rechtsberatung anbieten zu können, bat die Organisation eine Reihe von Anwälten, ihre Stundensätze auf dreißig Dollar herabzusetzen und damit das Projekt zu unterstützen. Niemand war dazu bereit. Doch dann änderte die AARP ihre Taktik und bat die Anwälte, ihre Dienste kostenlos anzubieten – und mit einem Mal waren zahlreiche der Befragten einverstanden. Nur: Warum sollte jemand seine Dienste kostenlos anbieten, wenn er sich zugleich weigert, für dreißig Dollar die Stunde zu arbeiten? Ganz einfach: Weil die AARP ihr Gesuch unwissentlich aus dem Bereich der Marktnormen herausgenommen (wo es sich für die Anwälte nach einem haarsträubenden Geschäft anhörte) und in den Bereich der sozialen Normen verlegt hatte (wo sie es als ehrenwerten Einsatz ihrer Zeit verbuchen konnten)[83].

Da wir also anscheinend nicht gut darin sind, nach beiden Wertesystemen gleichzeitig zu leben, sind sie in völlig unterschiedlichen Bereichen angesiedelt. Unternehmen frönen natürlich dem Gewinnprinzip, während gemeinnützige Organisationen, nun ja, das Prinzip der Gemeinnützigkeit zelebrieren. In Stiftungen lässt sich diese Diskrepanz häufig gut beobachten: Eine Gruppe oder Subkultur innerhalb der Stiftung ist für die Verwaltung der Investitionen und den Ausbau des Kapitals verantwortlich, eine andere verteilt das Geld. Das kann zu wirklich grotesken Szenarien führen, wenn etwa eine Stiftung ihr Kapital in Unternehmen investiert, die fossile Brennstoffe fördern und damit die Umwelt verschmutzen, und dann die Gewinne an Organisationen weitergibt, die den Klimawandel bekämpfen.

Mal abgesehen von solchen Beispielen scheint das ja an sich alles in Ordnung zu sein. Unternehmen (und Investitionen in Unternehmen) erwirtschaften Geld, Non-Profit-Organisationen geben es an andere weiter. Aber der Schein trügt, denn das Ergebnis ist eine massive Fehlverteilung von Ressourcen. Wenn die 250 Billionen Dollar an Investitionskapital für die Organisationen, die sich für das Gute in der Welt einsetzen, im Grunde genommen tabu sind – wenn wir allein mit den 161 Milliarden Dollar arbeiten, die jedes Jahr für Entwicklungshilfe ausgegeben werden –, dann ist das der Versuch, die gravierendsten Probleme der Welt mit gerade mal 0,08 Prozent der eigentlich vorhandenen Mittel zu lösen.[84] Nicht gerade Erfolg versprechend.

Aber es muss doch wohl möglich sein, sich zugleich um das eigene Wohlergehen *und* um die Zukunft der Welt zu kümmern. An dem Punkt möchte ich noch einmal die bereits erwähnte Powerfrau namens Nancy Carlsson-Paige ins Spiel bringen: meine Mutter.

Als ich noch auf dem College war, führte sie eine Liste mit Geschäftsbereichen, in die sie wegen deren schädlichen Auswirkungen nicht investieren wollte – dazu zählten unter anderem natürlich umweltschädliche Unternehmen oder solche, die Menschenrechtsverletzungen begangen hatten. Ich weiß noch, dass ich das ziemlich gut fand, aber bis mir klar wurde, wie weit sie ihrer Zeit tatsächlich voraus war, sollten noch Jahre vergehen – ein Schicksal, das viele Eltern teilen (und ein Punkt, den ich meinen eigenen Kindern gegenüber immer wieder gerne betone – bislang mit mäßigem Erfolg). Dass meine Mutter Teil einer frühen Welle des später als »Impact Investing« bekannt gewordenen Konzeptes war, begriff ich erst, als Gary und ich anfingen, uns selbst mit Finanzen zu beschäftigen.

Den Anfang des Impact Investing machte das sogenannte Divestment, das auch meine Mutter in ihrem eigenen Portfolio anwendete: Sie unterzog ihre Investitionen einer sorgfältigen Prüfung und filterte dabei das ganze unethische Zeug heraus. Konfessionsgemeinschaften wie beispielsweise die Quäker oder die Methodisten praktizieren genau das übrigens bereits seit dem 18. Jahrhundert, als sie sich weigerten, Profit aus Sklaverei und Krieg zu ziehen.[85] Aber zum Mainstream wurde das Konzept erst in den späten 1960er-Jahren, als Universitäten, Gewerkschaften und gemeinnützige Organisationen ihre Investitionen immer häufiger kritisch unter die Lupe nahmen[86] und in der Folge ihr Geld aus Unternehmen abzogen, die zum

Beispiel Tabak oder Schusswaffen verkauften.[87] Bis Mitte der 1980er-Jahre blieb die Bewegung mehr oder weniger unter dem Radar – doch dann setzten Aktivisten die Investoren zunehmend unter Druck, ihr Geld, solange die Apartheid anhielt, aus Unternehmen abzuziehen, die Geschäfte mit Südafrika machten. In meiner Collegezeit sorgten Studierende mit Protesten und Verhaftungen für Schlagzeilen – auch ihr Ziel war es, die Universitäten zum Divestment zu bewegen, damit sie sich von entsprechenden Geschäften trennten.[88] Glaubensgemeinschaften, Regierungen, Gemeinden und Gewerkschaften zogen ihr Geld aus Südafrika ab und forderten große Unternehmen, Banken und die US-Regierung auf, es ihnen gleichzutun.[89] Bis Anfang der 1990er-Jahre hatten Unternehmen, die in Südafrika Geschäfte machten, mehr als 20 Milliarden Dollar abgezogen – mit derart gravierenden wirtschaftlichen Auswirkungen, dass einige Leute glauben, die südafrikanische Regierung habe nur aufgrund dieses Drucks an den Verhandlungen teilgenommen, die schließlich die Apartheid beendeten.[90]

Dieser Erfolg bestärkte die Bewegung, größer zu denken. Natürlich war es wichtig, nicht mehr in repressive Regime, unethisch agierende Unternehmen und gefährliche oder schädliche Produkte zu investieren – aber das war eben nur die eine Seite der Medaille. Was war mit der anderen Seite – nämlich der gezielten Investition in *gute* Initiativen? Damit meine ich nicht gute Produkte – Investitionen in Unternehmen, die ein besseres Was-auch-immer herstellen, gab es schon immer zur Genüge. Ich meine Investitionen in Lösungen für die drängendsten Probleme der Welt. Eine solche Investition würde zwar vielleicht nie eine vergleichbare Rendite abwerfen, wie man sie mit dem Kauf von Apple-Aktien vor der Markteinführung des iPhones erzielen konnte. Aber was, wenn sich durch die Investition in eine bessere, gerechtere und sicherere Welt zumindest ein *gewisser* Gewinn erzielen ließe?

Und hier kommt Judith Rodin ins Spiel. Im Jahr 2005 wurde Rodin, ehemalige Präsidentin der University of Pennsylvania, zur Leiterin der Rockefeller Foundation ernannt. Seit John D. Rockefeller, dem Gründer der Stiftung, steht der Name dieser Familie für unvorstellbar großen Reichtum. Dennoch konnte Rodin, als sie das Ruder übernahm, nicht umhin, den *Mangel* an Geld zu bemerken. Verstehen Sie mich nicht falsch: Von einem Vermögen wie dem der Stiftung kann eine Organisation wie Water.org nur träumen – so wie eigentlich jede Non-Profit-Organisation. Aber als Rodin dieses Vermögen dem Ausmaß der Probleme gegenüberstellte, die ihre Stiftung zu lösen versuchte, wirkte es mit einem Mal ziemlich mickrig.

Fünf Jahre zuvor hatten fast alle Länder der Welt die Millenniums-Entwicklungsziele der Vereinten Nationen unterzeichnet. Die Ziele waren ehrgeizig – unter anderem verpflichteten sich die Länder, weltweit den Hunger zu beseitigen und dafür zu sorgen, dass jedes Kind auf der Welt eine Grundschulbildung erhielt –, und sie hatten einen hohen Preis. Um die Ziele bis 2015 zu erreichen, wären Schätzungen zufolge jährlich zwischen 82 und 152 Milliarden Dollar an zusätzlicher Entwicklungshilfe erforderlich gewesen.[91] Zahlen wie diese offenbarten eine riesige und gravierende Finanzierungslücke: Um die Ziele zu erreichen, müssten die Länder ihre Entwicklungshilfebudgets praktisch verdoppeln. Man muss kein Finanzminister sein, um zu ahnen, dass das unmöglich umzusetzen war.

Und auch Stiftungen wie die Rockefeller Foundation konnten die Lücke nicht einmal ansatzweise schließen – egal wie groß ihr Stiftungsvermögen war. Die Rockefeller Foundation vergab damals ohnehin schon jedes Jahr Fördermittel in Höhe von rund 100 Millionen Dollar[92], bei der Gates Foundation, der größten Stiftung überhaupt, waren es jährlich rund 1,35 Milliarden Dollar.[93] Doch selbst wenn all diese Mittel zusammen für die Millenniums-Entwicklungsziele (MDGs) verwendet worden wären – was nicht der Fall war –, hätte es nicht mal für eine Anzahlung gereicht. Die Welt brauchte eine andere Lösung.

Also machte sich Judith Rodin auf die Suche nach selbiger. Im Sommer 2007 versammelten sie und ihr Team dazu eine Gruppe von Investoren, Philanthropen und Unternehmern in einer prächtigen Villa im Norden Italiens mit Blick auf den Comer See.[94] Die Villa war der Stiftung vor längerer Zeit von einer italienischen Prinzessin überlassen worden – solche Dinge passieren eben, wenn man Rockefeller heißt.[95] Seit Jahrzehnten bringt die Stiftung hier kreative Denkerinnen und Denker zusammen und fördert sie in ihrer Arbeit. Rodin gab ihren Sommergästen einen klaren Auftrag: Findet heraus, wie wir mehr Kapital für soziale und ökologische Anliegen mobilisieren können.

Die Gruppe ging davon aus, dass zumindest ein paar der Leute, die das Kapital der Welt kontrollieren, davon überzeugt werden könnten, künftig verstärkt in soziale und ökologische Belange zu investieren. Damit sich diese Praxis aber wirklich durchsetzen könnte, bräuchte das Ganze noch einen Namen. So entstand der Begriff »*Impact Investing*«. Ferner stellten sie fest, dass die Bewegung eine gewisse Organisationsform bräuchte, um wachsen zu können – also gründete die Rockefeller Foundation ein Netzwerk, in dem Impact-Investoren zusammenkommen, zusammenarbeiten und Ideen austauschen konnten.

Und sie erkannten, dass es, um mehr Geldgeber davon zu überzeugen, nicht nur gewinnorientiert, sondern auch wirkungsorientiert zu investieren, ein Verfahren bräuchte, mit dem sich die Wirkung ebenso präzise messen ließe, wie Investoren ihre Erträge analysierten. Also half die Stiftung bei der Einrichtung eines sogenannten Global Impact Investing Rating System (GIIRS). Das GIIRS bewertet die Gesamtperformance eines Fonds so wie jedes andere Bewertungssystem auch – zusätzlich aber wird der Fonds auch danach bewertet, wie sich die Investitionen beispielsweise auf die Umwelt oder die Lebensumstände der Menschen in einer bestimmten Community auswirken.[96]

Das Treffen am Comer See setzte enorme Kräfte frei. Im weiteren Verlauf des Jahrzehnts entstanden immer mehr wirkungsorientierte Fonds, und für immer mehr Investoren wurde dieser Aspekt zur Priorität. Elf Jahre nach dem Treffen beschrieb ein Bericht den Wandel so: Was als kleine, umstürzlerische Bewegung begonnen hatte, war nun »ein komplexes, vielgestaltiges Investitionsökosystem«[97].

Aber für Gary und mich war natürlich nicht nur die Welt des Impact Investing völlig neu, sondern die des Investierens überhaupt. Wir sprachen daher mit so ziemlich jedem aus dem Finanzsektor, den wir kannten, und auch mit ein paar Leuten, die wir nicht kannten. Allen stellten wir dieselbe naive Frage, die Gary auch in der Anfangszeit von WaterCredit gestellt hatte: Warum sollte das nicht funktionieren?

Als Erstes sprach ich mit meinem Vater. Wahrscheinlich träumen viele Väter von dem Augenblick, in dem ihr Kind nach Hause kommt und sagt: »Papa, erzähl mir von deiner Arbeit.« Bestimmt hatten mein Vater und ich solche Gespräche auch früher schon geführt, als ich noch ein Teenager war, aber ehrlich gesagt hatte ich nie irgendwelche Zusammenhänge verstanden. Als ich meinem Vater jetzt mit Mitte vierzig dieselben Fragen stellte, war das Ganze für mich daher quasi Neuland. Ich erläuterte ihm Garys und meine Idee in der festen Überzeugung, dass er sie abtun und mir (freundlich) erklären würde, warum das Ganze unmöglich funktionieren könne. Aber das tat er nicht. Er dachte eine Weile darüber nach. Und dann sagte er, er glaube, es könne klappen. Für ein erfolgreiches Impact Investment braucht es sowohl solide Renditen als auch zuverlässige und eindrucksvolle Zahlen, anhand derer ersichtlich wird, dass die Investition tatsächlich Leben verändert. Unser geplantes Investment würde beide Kriterien erfüllen.

Es war extrem ermutigend, dass mein Vater von unserer Idee begeistert war – aber er warnte uns auch, dass es noch eine Menge Fragen zu klären gab. Gary und ich waren immer noch mit dem Grundvokabular des Finanzwesens beschäftigt – hätte man mich damals gefragt, was ein Kapitalstapel ist, hätte ich mir einen Haufen Dollarscheine vorgestellt. Außerdem mussten wir uns durch so komplexe Sachverhalte wie Währungsmanipulationen, Steuergesetze für gemeinnützige Organisationen (die häufig von Land zu Land variieren) oder die Schwierigkeit kämpfen, Kapital aus und in Länder wie Indien zu bekommen. Eine Weile dachten wir ernsthaft darüber nach, die Umsetzung unserer Idee echten Experten zu überlassen und ihnen lieber nur vom Spielfeldrand aus zuzujubeln.

Aber unsere Erfahrungen mit WaterCredit ermutigten uns, es doch selbst zu versuchen – die Sache erst mal bescheiden anzugehen, langsam auf dem Grundstock aufzubauen und dann, wie Bill Clinton uns geraten hatte, »die Zahlen so lange hochzufahren«, bis sie niemand mehr ignorieren konnte.

Zum Glück hatten wir bei Water.org ein hoch qualifiziertes Team aufgebaut, das sich sowohl im Bereich Wasser und Sanitär als auch mit Mikrofinanzierung auskannte. Außerdem konnten wir Keith Stamm zurückgewinnen, unseren ehemaligen Chief Operating Officer, der schon mit Private-Equity-Investoren zusammengearbeitet hatte; er würde uns bei der Ausarbeitung eines Plans helfen, er würde mit uns zusammen ermitteln, welche Gestalt dieser Apfel-Orangen-Hybrid annehmen könnte. Wir beschlossen, mit einem Zehn-Millionen-Dollar-Fonds zu beginnen und eine Rendite von zwei Prozent anzuvisieren. Ein Fonds dieser Größenordnung könnte über 730 000 Menschen den Zugang zu sauberem Wasser oder zu sanitären Einrichtungen ermöglichen.

Unser Vorstand war nervös, und das aus gutem Grund. Das neue Projekt brachte eine radikale Veränderung mit sich. Wie erwähnt war die Welt während der Finanzkrise gerade erst von unseriösen Akteuren gebeutelt worden. Würden wir es vermasseln, konnten wir in echte Schwierigkeiten geraten, da halfen auch die edelsten Absichten nichts. Wenn der Fonds scheiterte, könnte das die Glaubwürdigkeit von Water.org in Mitleidenschaft ziehen – und uns womöglich in den Fokus der Börsenaufsicht rücken. Wir standen also vor einer echten Bewährungsprobe – einer Bewährungsprobe, die unser Einstehen für die kühne Vision (oder die großen Worte) unter Beweis stellen sollte, mit der Gary und ich unseren Vorstand ein paar Jahre zuvor davon überzeugt hatten, dass das Ziel, die Wasserkrise noch zu unseren Lebzeiten zu beenden, tatsächlich in Reichweite war.

Zumindest hatten Gary und ich uns inzwischen gegenseitig davon überzeugt, dass wir nach der forschen Behauptung von damals nicht vor Risiken zurückschrecken durften, wenn es uns damit wirklich ernst war.

Schließlich stimmte unser Vorstand zu. Und zwar sehr eindeutig. Als die Entscheidung anstand, wandte sich jemand an unsere Vorstandsvorsitzende Lynn Taliento und fragte: »Sollen wir das wirklich machen?«

Und Lynn meinte: »Ja, verdammt noch mal.«

Aber es war nicht nur wegen der Mechanismen des Marktes so schwierig für MFI, an erschwingliches Kapital zu kommen. Auch die Regierungen trugen eine gewisse Mitschuld. In Indien verfolgte die Zentralbank – das indische Pendant zur US-amerikanischen Federal Reserve und zur Europäischen Zentralbank EZB – eine Politik der vorrangigen Kreditvergabe an bestimmte Sektoren, das sogenannte Priority Sector Lending, was, sofern richtig angewandt, eine ziemlich kluge Strategie ist. Banken müssen demnach einen bestimmten Prozentsatz ihrer Kredite an Schlüsselsektoren vergeben – vorrangige Bereiche wie Bildung, Landwirtschaft und kleinere Unternehmen. Das ist an sich alles schön und gut – das große Problem für MFI war nur, dass Wasser und sanitäre Einrichtungen nicht als vorrangiger Bereich betrachtet wurden. Und für alle nicht vorrangigen Kredite mussten die Banken höhere Zinsen verlangen – selbst für solche, die Zugang zu Wasser und sanitären Einrichtungen für Menschen in Armut finanzieren sollten.

Mir ist bewusst, dass viele Leute finden, Prominente sollten sich aus der Politik und erst recht aus politischen Entscheidungsprozessen heraushalten. Glauben Sie mir: Ich habe bestimmt nicht vor, ständig in der Politik von Ländern am anderen Ende der Welt mitzumischen (meine Erfolgsbilanz in Sachen Einflussnahme auf die US-Politik ist im übrigen eher übersichtlich). Aber in dem Fall waren Gary und ich der Meinung, dass wir es irgendwie schaffen müssten, die Politik des Priority Sector Lending zu ändern. Denn dadurch wurden Kredite für Wasser und Sanitäranlagen nicht nur nicht vorrangig vergeben, sondern sogar benachteiligt. Absurderweise unterhöhlte Indien damit eines seiner größten Ziele, bevor es überhaupt in Angriff genommen werden konnte: Die indische Regierung war nämlich kurz davor, eine fünfjährige, zwanzig Milliarden Dollar schwere Kampagne zu lancieren, damit niemand mehr sein Geschäft unter freiem Himmel verrichten musste. Das indische Team von Water.org, angeführt von unseren herausragenden Kollegen P. Uday Shankar und Pon Aananth, versuchte alles, um die Zentralbank davon zu überzeugen, Wasser und sanitäre Einrichtungen auf die Prioritätenliste zu setzen. Und so landete ich schließlich in einem Konferenzraum der Reserve Bank of India, um sie zu einer Änderung ihrer Kreditvergabepolitik zu bewegen. Vermutlich war ich nicht der Einzige, der sich fragte, was ich dort eigentlich zu suchen hatte.

Ich weiß nicht, wie entscheidend mein Beitrag letztlich war, vor allem im Vergleich zum Engagement unseres indischen Teams und der anderen Leute, die sich in Indien für Wasser und sanitäre Einrichtungen einsetzen. Aber letztlich waren unsere Bemühungen erfolgreich, und das war alles, was zählte: Es geschah nicht über Nacht, aber schließlich setzte die indische Zentralbank den Wasser- und Sanitärbereich auf die Liste vorrangiger Sektoren. Indien war damals in vielerlei Hinsicht zum Experimentierfeld für uns geworden, auf dem wir neue Ideen testeten, die sich im Erfolgsfall auf andere Länder überall in der Welt ausweiten ließen. Wir spürten, wie die Dynamik stetig zunahm – die Zeit war reif, unseren Fonds zu präsentieren.

Gary und ich tauchten zunehmend häufiger bei Konferenzen und in Büros auf, wo man weder einen Schauspieler noch einen Fachmann für Wasser- und Sanitärversorgung erwarten würde: auf internationalen Finanzkonferenzen und bei Investmentbanken. Auch in Davos waren wir mit von der Partie, beim Weltwirtschaftsforum, wo die Eliten der Welt Unsummen hinlegen, um ein schickes Skidorf zu besuchen und über die Geißel der Einkommensungleichheit zu sprechen. Die Clinton Global Initiative in New York habe ich ja bereits erwähnt. Das Treffen in Davos ist ähnlich, nur dass die Leute dort in pelzbesetzten 2000-Dollar-Skijacken herumlaufen. Wie nicht anders zu erwarten, wird die Veranstaltung gerne nach allen Regeln der Kunst verrissen. Eine der in meinen Augen besten Zusammenfassungen lautet, Davos sei »ein Ort, an dem Milliardäre den Millionären erzählen, was die Mittelschicht fühlt«.[98] Sie können davon ausgehen, dass die Definition zutrifft – sie stammt von Jamie Dimon, ebenfalls Milliardär.

Davos ist ein verlockendes Ziel. Selbstreflexion ist dort in der dünnen Bergluft zwar ein eher knappes Gut, aber es hat schon etwas – sage ich jetzt einfach mal –, wenn die mächtigsten Menschen der Welt zusammenkommen, um über die dringendsten Probleme der Welt zu sprechen, und dann mit vereinten Kräften etwas ins Rollen bringen wollen. Gary und ich übten also unseren Auftritt ein und machten uns auf den Weg in die Alpen. Wir klapperten sie alle ab – was in Davos jede Menge kurze, sachliche Treffen in Hotellobbys und in diversen Geschäftsräumen bedeutete, die in Empfangsräume für Unternehmen umgewandelt worden waren (*Kommen Sie doch auf eine heiße Schokolade vorbei. Bleiben Sie doch noch für das Gespräch über Strategien zur Erreichung der Nachhaltigkeitsziele bis 2030*). Wir sprachen mit jedem, der uns zuhörte, über die Wasserkrise, über eine Lösung, die wirklich funktionierte, und über das Erschließen neuer Kapitalquellen, die es brauchte, um diese Lösung auch in großem Maßstab umsetzen zu können. Die Ärmsten der Welt seien bereit, sich mit dem wenigen, was sie hätten, zu beteiligen, sagten wir. Und wir mit all unserem Reichtum – sind wir es auch?

Den leeren Blicken nach zu urteilen lautete die Antwort Nein. Sind wir nicht. Die Leute waren wirklich nett zu uns: Sie setzten uns auf Podien, verliehen uns einen Preis, hörten zu, wenn wir Reden hielten, und applaudierten, wenn wir fertig waren. Aber neue Mitstreitende schienen wir hier nicht zu gewinnen. Uns wurde viel zugenickt und zugelächelt, und wir bekamen jede Menge »Halten Sie uns auf dem Laufenden!« zu hören – nur Zusagen bekamen wir keine. Ich war sprachlos. Viele dieser Führungskräfte und ihre Organisationen spendeten bereitwillig Millionen für gute Zwecke (auch für unser Anliegen). Und jetzt boten wir ihnen die Möglichkeit, mit ihrem Geld eine noch größere Wirkung zu erzielen und gleichzeitig sogar noch eine Rendite zu erwirtschaften, und sie waren einfach nicht interessiert. Heute weiß ich, dass wir über die Schranke zwischen sozialen Normen und den Normen des Marktes gestolpert sind.

Die Leute betrachteten Water.org zu Recht als NGO, und in NGOs investiert man nicht, an NGOs spendet man. »Spende ist Spende und Profit ist Profit«, sagten einige ganz offen. Andere waren für Organisationen hier, die auf ein minimales finanzielles Risiko und eine maximale Rendite abzielten (oder sogar dazu verpflichtet waren). So oder so, wir kehrten mit leeren Händen nach Hause.

Am letzten Abend der Konferenz saßen Gary und ich in unserem Chalet und fühlten uns komplett im Stich gelassen. Ich ging im Kopf noch mal alles durch, was ich während der Konferenz in Sachen Verringerung der Ungleichheit und guter Weltbürger gehört hatte. War das alles nur Gerede – stimmte es, was die Kritiker an Davos immer bemängelten?

Es war ausgerechnet Bono, der auftauchte, um uns zu trösten. Wobei es »trösten« nicht ganz trifft. Bono sah mich an und brach in Gelächter aus. Davos war nicht gerade mein gewohntes Terrain – ich hatte mir deshalb alle Mühe gegeben, mich passend zu kleiden. Es ist mir etwas peinlich, aber ich trug einen Pullunder mit Krawatte. Bono fand das dermaßen lustig, dass er ein Foto machte.

Also lachten wir eine Weile über mich. Aber in Wirklichkeit war ich ziemlich niedergeschlagen. Genau wie Gary war ich so begeistert von der Idee unseres Fonds, dass ich wohl erwartet hatte, dass alle anderen mindestens genauso hingerissen sein würden. Ich war davon ausgegangen, dass unser Timing perfekt war und wir auf den Zug der Impact-Investment-Bewegung aufspringen könnten. Aber stattdessen hatte sich herausgestellt, dass sich unser Plan, wenn überhaupt, deutlich schwieriger an den Mann oder die Frau bringen lassen würde als erwartet. »Wie schaffst du es eigentlich, dich nicht kleinkriegen zu lassen?«, fragte ich Bono. Seit zwei Jahrzehnten drängte er Regierungen, Stiftungen und Unternehmen, sich dem Kampf gegen Armut und Krankheit anzuschließen, was trotz beachtlicher Erfolge ein Knochenjob blieb. Wie schaffte er es, dass ihm nicht irgendwann die Energie ausging? Eine Minute lang war er mitfühlend und stimmte mir zu, dass die Arbeit wirklich hart sei. Aber dann gab es keine Gnade mehr. Du musst eben hartnäckig sein, sagte er. Du musst unnachgiebig sein. Irgendwie hatte ich das Gefühl, dass er sich genau diese antreibenden Sätze auch selbst schon gesagt hatte.

Bono weiß genau, wann er einem auf die Nerven gehen muss, aber er weiß auch, wann es einen Freund braucht. Eine Woche später schickte er mir eine E-Mail. Als ich sie anklickte, war da das Foto mit meinem Pullunder. Außerdem hatte er ein Gedicht über unser Gespräch geschrieben. Die E-Mail ist mir leider schon vor Jahren abhandengekommen, was wirklich schade ist – ein Bono-Original, für immer verloren. Ich werde nicht versuchen, das Gedicht wiederzugeben, ich bin schließlich kein irischer Songwriter. Aber da ich immerhin fast einen Abschluss in Englischer Literatur habe – ich hatte fast alle Scheine beisammen, ehrlich –, bin ich zumindest qualifiziert, den Inhalt wiederzugeben. Die Botschaft lautete, dass man sich von der Welt, wie sie nun mal ist, nicht so sehr runterziehen lassen darf, dass man keine Kraft mehr hat, sie zu verändern. Und dass, wenn man sich nur immer weiter anstrengt – wenn wir alle uns immer weiter anstrengen –, sich die Welt schließlich doch bewegen wird.

7

UND DIE WELT BEWEGT SICH DOCH!

Gary White

Wie sich herausstellte, hatte Bono recht: Die Welt bewegte sich in der Tat, und zwar schneller, als wir erwartet hatten. Alle paar Jahre ließen Matt und ich uns in Davos blicken – und jedes Mal schienen die Leute offener für unser Anliegen zu sein. Ein Pitch, der bei unserer ersten Davosreise nur höfliches Nicken hervorgerufen hatte, stieß beim zweiten Mal auf begeistertes Interesse und zahlreiche Nachfragen. Beim dritten Mal folgten uns die Leute schon bis auf den Flur, um immer noch mehr Fragen zu stellen.

Entweder wurden Matt und ich besser, oder die Geschäftswelt war aus Gründen, die nichts mit uns zu tun hatten, offener geworden. Wahrscheinlich beides. Wir hatten inzwischen genügend Belege dafür, dass unser Modell funktionierte, und auch genug Leute, um es weiter auszubauen. Und wie Nicht-Muttersprachler, die in eine andere Kultur eintauchen, lernten Matt und ich immer besser die Sprache der Finanzen und konnten uns mittlerweile fließend unterhalten.

Gleichzeitig waren wir uns bewusst, dass sich die Diskussionen über die Rolle und Aufgaben des Privatsektors generell weiterentwickelten. Nach der Finanzkrise 2008/2009 waren einige Schwergewichte des globalen Kapitalismus immer noch etwas wackelig auf den Beinen und befürchteten – mit gutem Grund –, dass noch mehr Probleme auf sie zukämen, nicht nur wirtschaftlich, sondern auch in Bezug auf ihr gesellschaftliches Ansehen, ihre »soziale Lizenz zum Handeln«, wie CEOs das nennen.

Mitte der 2010er-Jahre bereiteten zwei gewaltige Herausforderungen den Kapitalisten (und übrigens auch fast allen anderen) schlaflose Nächte. Die eine war der Klimawandel: Die Warnungen von Wissenschaftlern wurden immer unheilvoller. Die andere die Ungleichheit: Das globale Wirtschaftssystem funktionierte nachweislich nur für wenige Glückliche, während die Menschen am unteren Ende der Pyramide darum kämpfen mussten, ihre grundlegendsten Bedürfnisse zu befriedigen. Natürlich waren diese Probleme nicht neu. Aber es ist eines, sich eines Problems bewusst zu sein, und etwas anderes, etwas dagegen zu tun, und noch einmal etwas völlig anderes, die eigene Denkweise und das eigene wirtschaftliche Agieren zu verändern, um etwas dagegen zu unternehmen. Das braucht Zeit.

Lange Zeit waren Ungleichheit und Klimawandel die beiden großen Elefanten in jedem Raum gewesen. Sie zu ignorieren, kostete viel Energie – und einige Unternehmen legten sich dabei mächtig ins Zeug. Aber Mitte der 2010er-Jahre wurde es nicht nur immer schwieriger – es wurde auch immer offensichtlicher, dass man sich damit selbst schadete. Wissenschaftliche Modelle sagten einen massiven ökologischen und wirtschaftlichen Niedergang innerhalb der nächsten fünfzig Jahre voraus, wenn die Unternehmen ihr Verhalten nicht radikal änderten. Die gesellschaftlichen Verwerfungen würden so tiefgreifend sein, dass die Unternehmen vielerorts keine stabilen Märkte mehr für ihre Produkte fänden (um das klarzustellen: Ich schreibe das nur in der Vergangenheitsform, weil es hier um einen Rückblick geht; das heißt nicht, dass sich die wissenschaftlichen Prognosen geändert haben, im Gegenteil, sie haben sich sogar noch verschärft). Und der Umbruch hatte in der Tat bereits begonnen: Populistische politische Bewegungen, die die Grundlagen des globalen Kapitalismus infrage stellten (und auch bereit waren, daran zu rütteln), gewannen weltweit an Einfluss.

Das galt auch für junge Menschen – die noch keine politische, aber durchaus wirtschaftliche Macht hatten. Im Jahr 2016 waren die Millennials zahlenmäßig die größte Gruppe innerhalb der amerikanischen Erwerbsbevölkerung.[99] Diese junge Generation ist besonders besorgt über den Klimawandel, Ungleichheit und eine Vielzahl anderer Themen, und ihre Werte beeinflussen die Entscheidungen, wo sie arbeiten, was sie kaufen und in was sie investieren wollen, sobald sie genug Geld verdienen. Sie suchen sich Unternehmen, die zu ihren Werten passen. So haben die Millennials mit ihrem Eintritt ins Erwachsenenalter den Wirtschaftsbossen einen größeren Anreiz (oder Druck) gegeben, sich mit wichtigen sozialen und ökologischen Fragen zu beschäftigen.

Die Grenzen zwischen den beiden getrennten Welten, die

Matt beschrieben hat – zwischen der gewinnorientierten und der nicht-gewinnorientierten Welt, der Welt der Normen des Marktes und der Welt der sozialen Normen –, haben also auf positive Weise zu verschwimmen begonnen. Eine weitere gute Nachricht: Ich höre viel weniger von der Kapitalismustheorie, die in den 1970er-Jahren aufkam und im Laufe der Zeit zu einer Art Heiligem Gral wurde – die Annahme, dass die einzige Aufgabe eines Unternehmens darin bestehe, Werte für seine Aktionäre zu schaffen. Nicht die *vorrangige*, sondern die *einzige* Aufgabe. Stattdessen sagten mehr und mehr Wirtschaftsbosse Dinge wie: »Um auf Dauer erfolgreich zu sein, muss ein Unternehmen nicht nur finanzielle Leistungen liefern, sondern auch zeigen, welchen positiven Beitrag es zur Gesellschaft leistet.« Das war keine Randerscheinung. Es kam von Larry Fink, CEO von BlackRock, dem größten Vermögensverwalter weltweit und eine der einflussreichsten Personen der Finanzbranche.

Das ist aber kein Grund, gleich übermütig zu werden. Ich behaupte keinesfalls, dass die CEOs sämtlicher multinationaler Unternehmen ein kollektives Erweckungserlebnis hatten und wir alle glücklich und zufrieden bis zum Ende unserer Tage unter einem sauberen Himmel leben werden. Ich bin jedenfalls jedes Mal sehr skeptisch, wenn ich von Vitamin-, Sonnenbrillen- oder Schuhherstellern höre, wie sie die Welt verändern wollen.

Aber eines weiß ich sicher: Als sich der Ton in der Wirtschaft änderte, erschien es auch nicht mehr so radikal, bei einer Investition auch die Auswirkungen auf die Welt zu berücksichtigen, nicht nur das Portfolio des Investors.

Das erlebten wir bei unseren Fundraising-Bemühungen aus erster Hand. Die Investorensuche für den ersten 10-Millionen-

Dollar-Fonds war harte Plackerei gewesen. Es dauerte mehrere Jahre, und am Ende kamen die meisten Investitionen von Stiftungen wie Skoll und Hilton, von unseren Vorstandsmitgliedern und anderen Einzelpersonen wie Michael und Xochi Birch. Für Organisationen, die bei der *Verwendung* ihres Geldes bereits eine soziale Mission verfolgen, ist es kein allzu großer Schritt, bei der *Investition* des Geldes dasselbe zu tun.

Aber als wir den ersten Fonds auflegten, stießen wir immer öfter auf eine wachsende Bereitschaft, in Ideen wie unsere zu investieren. Sieht man sich die Daten an, ist das keine große Überraschung. Im Jahr 2012 wurden 25 Milliarden Dollar in Impact Investments investiert.[100] In den folgenden sechs Jahren stieg diese Zahl auf 500 Milliarden Dollar.[101] Das weltweit investierte Gesamtvermögen wuchs in diesem Zeitraum um 20 Prozent – während das in nachhaltige Fonds investierte Vermögen um 2000 Prozent zunahm.[102] Die Zeit für den Apfel-Orangen-Hybrid war gekommen.

Der Fokus auf Ungleichheit und Klimawandel hatte aber noch eine andere Folge: Die Menschen interessierten sich mehr für Wasser. Denn der Mangel an sauberem Wasser ist das deutlichste Beispiel für Ungleichheit überhaupt, und die Wasserthematik ist auch für die Klimakrise von zentraler Bedeutung. Doch wenn es ums Klima geht, werden die Dinge kompliziert.

Das Thema wird von Schlagzeilen geprägt wie: »Ein Viertel der Menschheit ist von der Wasserkrise bedroht«[103], oder: »Die NASA warnt: Wasserknappheit wird zur größten Umweltherausforderung des Jahrhunderts«.[104] Das Bemerkenswerte an diesen Schlagzeilen ist, dass sie sich auf die Zukunft beziehen, nicht auf die Gegenwart. Und genau da wird es kompliziert. Seit Jahren hatte ich gehofft, dass Journalisten und andere mächtige Leute anfangen würden, über die Wasserkrise zu sprechen. Jetzt taten sie es endlich. Nur war die Wasserkrise, von der sie sprachen, eine ganz andere als die gegenwärtige Krise, mit der Milliarden von Menschen heute konfrontiert sind – sie thematisierten eine zukünftige Krise, mit der wir konfrontiert sein werden, wenn die Ressourcen noch weiter zur Neige gegangen sind.

Natürlich ist es wichtig, dass sich die Welt auch auf dieses Thema konzentriert. Als jemand, der sein ganzes Leben dafür gekämpft hat, dass alle Menschen Zugang zu Wasser haben, bin ich natürlich entsetzt über eine Perspektive, in der Milliarden von Menschen auf der ganzen Welt mit Wasserknappheit zu kämpfen haben. Um das zu verhindern, müssen wir jetzt Pläne machen.

Aber je mehr ich über die potenzielle Wasserknappheit erfahre, desto besorgter bin ich, dass die Menschen glauben könnten, ein besserer Zugang zu Wasser könne die kommende Krise durch eine weitere Verknappung des Angebots sogar noch *verschlimmern*. Das klingt auf den ersten Blick vielleicht einleuchtend, stimmt aber nicht. Zum einen muss man wissen, dass Wasserknappheit immer ein lokales Phänomen ist, kein globales. Das ist anders als zum Beispiel bei der Ölknappheit. Es gibt zwar einen globalen Ölmarkt, aber keinen globalen Wassermarkt (ungeachtet der Flaschen mit Fiji-Wasser). Und den wird es auch nie in größerem Umfang geben. Ölfässer werden in rauen Mengen um die Welt verschifft, aber man könnte nicht einmal ansatzweise eine Flotte bauen, die groß genug wäre, um die Wassermenge zu transportieren, die ein Land auch nur einen einzigen Tag lang versorgen könnte. Wasser ist ein lokales Gut und wird es auch bleiben. In diesem Sinne wird ein besserer Wasserzugang der Menschen in Indonesien auch nie die Wasserversorgung in Kalifornien beeinträchtigen.

Zum anderen – und auch das sollte man wissen – hat der private Wasserverbrauch relativ geringe Auswirkungen auf die Gesamtversorgung. Der überwiegende Teil des Wassers, das die Menschheit verbraucht, fließt nicht an private Haushalte. Weltweit gehen etwa siebzig Prozent des von Menschen verbrauchten Süßwassers in die Landwirtschaft und neunzehn Prozent in die Industrie.[105] Nur elf Prozent werden von den Haushalten verbraucht.[106] Und Familien in Armut verbrauchen weniger Wasser als reichere Haushalte; sie benötigen es ja auch nicht für die Pflege weitläufiger Rasenflächen in den Vorstädten.[107] Wenn wir die aktuelle Wasserkrise lösen, indem wir die in Armut lebenden Menschen einbinden, wird das die andere Wasserkrise, mit der wir in Zukunft konfrontiert sein werden, also nicht verschlimmern.

Im Gegenteil: Die Maßnahmen, die wir zur Bewältigung der heutigen Krise ergreifen, können uns helfen, uns für künftige Krisen zu wappnen. Schafft eine Familie zum Beispiel ein Regenwassersammelsystem an, kann sie Wasser für Zeiten speichern, in denen es nicht regnet, und so besser mit der Unplanbarkeit umgehen. Werden mehr Menschen an ein Wasserversorgungsunternehmen angeschlossen, erhalten sie Zugang zu einer Infrastruktur, die selbst in schlechten Zeiten zuverlässiger funktioniert, als es die Selbstversorgung jemals könnte. Und wenn das Versorgungsunternehmen in Verbesserungen investiert, kann die gesamte Community davon profitieren, auch die ärmsten Bevölkerungsschichten.

Die ärmsten Haushalte benötigen diese Investitionen in ihre Resilienz am dringendsten – denn kommt es zu Wasserknappheit, wie es in einigen Regionen unweigerlich der Fall sein wird (und bereits ist), sind die Ärmsten am stärksten betroffen. Stellen Sie sich vor, Ihre einzige Wasserquelle ist Stunden entfernt – und sie versiegt. Oder Sie sind auf Regenfälle angewiesen, um Gemüse anzubauen und Ihre Familie zu ernähren, und der Regen bleibt aus. Heute sind in Afrika südlich der Sahara mehr als neunzig Prozent der Menschen in ländlichen Gebieten von der Landwirtschaft abhängig, und mehr als fünfundneunzig Prozent der Landwirtschaft wiederum hängen von Regenfällen statt von Bewässerungsanlagen ab.[108]

Einige unserer Teammitglieder besuchten einmal Tigray, eine Region im Norden Äthiopiens. Die Hänge dort sind mit gelben Flecken übersät – das sind die Kanister, mit denen die Frauen auf der Suche nach Wasser unterwegs sind, die meisten von ihnen zwei bis drei Stunden pro Tag. Einige der Frauen erzählten unseren Kollegen, dass die Landschaft früher viel grüner war – bevor die Bäume abgeholzt wurden, um Platz für Ackerland zu schaffen, und bevor der Klimawandel dafür sorgte, dass die Regenfälle seltener wurden.

Sie fragten die Frauen, ob ihre Großmütter und Urgroßmütter zu denselben Stellen gegangen seien, um Wasser zu holen. Tatsächlich, so antworteten die Frauen, mussten ihre Vorfahren nirgendwo hingehen – früher gab es reichlich Wasserquellen direkt im Dorf. Heute sind die Löcher ausgetrocknet und zwingen die Frauen zu weiten Wegen, um Alternativen zu finden – oder unter der ausgetrockneten Oberfläche zu graben, wo es einst Teiche und Flüsse gab. Diese schwierige Situation hat sich durch den schrecklichen Konflikt in Tigray noch verschlimmert.

Von einer zukünftigen Wasserknappheit werden Orte wie Tigray am stärksten betroffen sein. Natürlich sind wir in den wohlhabenden Ländern auch nicht immun gegen den Klimawandel – das ist niemand –, aber wir haben die Mittel, um Versorgungsprobleme zu lösen. Wir können zum Beispiel Entsalzungsanlagen bauen, die Salz- in Trinkwasser umwandeln; wir können Kläranlagen bauen, um das verbrauchte Wasser wiederzuverwerten. Aber in weniger entwickelten Ländern haben die ärmsten Menschen nur drei Möglichkeiten, wenn die Vorräte versiegen: Sie können versuchen, mit immer weniger Wasser auszukommen – und dafür einen hohen Preis in Form von Krankheiten und vielleicht sogar Todesfällen zahlen. Oder sie können mit ihren Nachbarn kriegerische Konflikte um die schwindenden Wasservorräte führen, wie wir es bereits in Regionen wie Darfur gesehen haben. Am wahrscheinlichsten ist aber, dass sie wegziehen und zu Wasserflüchtlingen werden, die nach einem neuen Zuhause oder Zufluchtsort suchen, an dem es genug Wasser für ihre Familien gibt.

Massenmigrationen sind äußerst destabilisierend sowohl für Familien als auch für Gesellschaften. Eine der größten humanitären Tragödien des letzten Jahrzehnts war der Krieg in Syrien – und eine seiner Ursachen war eine lange Dürre.[109] Im Laufe von vier Jahren dezimierte sie das syrische Ackerland, achtzig Prozent des Rinderbestands verendeten.[110] Die Bauern flohen massenhaft in die Städte, wo sie nur schwer Arbeit finden konnten. Wie ein Experte meinte, habe diese Migration schließlich dazu geführt, dass »viele wütende, arbeitslose Männer dazu beitrugen, eine Revolution loszutreten«.[111] Natürlich blieben die Folgen nicht auf Syrien beschränkt. Flüchtlinge strömten nach Europa, verliehen nationalistischen Bewegungen Aufwind und lösten hitzige Debatten in Ländern auf dem ganzen Kontinent aus. Stellen wir uns nun vor, dass Wellen erzwungener Migration um die Welt schwappen und Hunderte Millionen verarmter Menschen nicht nur Wasser, sondern auch Arbeitsplätze und Wohnraum benötigen – und stellen wir uns ihre Verzweiflung vor, wenn all das viel zu knapp ist. Die Vereinten Nationen schätzen, dass bis 2030 bis zu 700 Millionen Menschen durch fehlenden Wasserzugang auf der Flucht sein könnten. Das wäre eine globale Flüchtlingskrise, wie sie die Welt noch nicht gesehen hat.[112]

Aber dieses Szenario ist nicht alternativlos. Wenn mehr Teile der Welt über funktionierende Wassersysteme verfügen, können wir diese Systeme im Falle von Krisen anpassen – genau wie wir es bereits in den Vereinigten Staaten und anderen reichen Ländern tun. Wenn wir heute in den Zugang zu Wasser investieren, stärken wir die Resilienz für morgen.

Eigentlich hoffe ich nicht, dass die Welt noch mehr Gründe braucht, um Menschen den Zugang zu Wasser zu ermöglichen, aber es gibt tatsächlich einen weiteren: Zugang zu Wasser wird den Menschen helfen, sich auf den Klimawandel einzustellen, vor allem an den am stärksten betroffenen Orten.

Und diese Botschaft kommt anscheinend an. Als sich die Staaten weltweit im Jahr 2000 auf die Millenniums-Entwicklungsziele einigten, bezog sich keines der ambitionierten Ziele auf Fragen hinsichtlich Wasser und Sanitär. Aber als die Vereinten Nationen 2015 ihre Agenda für nachhaltige Entwicklung – die Sustainable Development Goals (SDG) – für die nächsten fünfzehn Jahre festlegten, bestand eines der Hauptziele (SDG 6, falls Sie es nachlesen möchten) darin, sicherzustellen, dass alle Menschen Zugang zu Wasser und sanitären Einrichtungen haben. Im selben Jahr benannte das Weltwirtschaftsforum die Wasserkrisen – *Krisen* im Plural, darunter Wasserknappheit sowie gegenwärtig fehlender Zugang zu Wasser – als die größte Bedrohung des nächsten Jahrzehnts.[113]

Und vor Kurzem hat sich eine Gruppe globaler Unternehmen – Microsoft, Dow, Anheuser-Busch InBev und andere – zur »Water Resilience Coalition« zusammengeschlossen, die sich für die Lösung dieser Krise einsetzt. Die Unternehmen erkennen die Gefahren für die Weltwirtschaft und ihre eigenen Gewinne, wenn die Prognosen des Weltwirtschaftsforums zutreffen und wasserbedingte Verluste durch den Klimawandel das BIP in einigen Regionen bis Mitte des Jahrhunderts um bis zu sechs Prozent schrumpfen lassen.[114] Die Gruppe hat sich verpflichtet, die Wasserversorgung aktiv durch Eigeninitiative zu verbessern und sich gemeinsam für weltweit bessere Möglichkeiten zum Ausgleich von Versorgungsschocks einzusetzen.[115]

In der zweiten Hälfte der 2010er-Jahre begannen diejenigen, die das Kapital der Welt kontrollierten, dem Thema Wasser endlich die Aufmerksamkeit zu schenken, die es verdiente. Und sie waren offener denn je für Investitionen, die Leben verändern konnten. Wir erkannten unsere Chance.

Viele Menschen sind bereit, gemeinnützigen Organisationen Geld zu geben, aber kaum jemand, wenn überhaupt, beauftragt eine gemeinnützige Organisation damit, sein Geld zu verwalten. Das gilt einfach nicht als unser Fachgebiet. Aber genau dazu riefen Matt und ich die Menschen jetzt auf. Wenn wir große Mengen Kapital auftreiben wollten, mussten wir beweisen, dass wir uns mit Investitionen in die Wasser- und Sanitärversorgung besser auskannten als alle anderen, und dass wir jeden Dollar bestmöglich nutzen würden und gute Renditen erzielen konnten. Mit anderen Worten: Wir mussten die Menschen dazu bringen, das Gegenteil dessen zu glauben, was sie über gemeinnützige Organisationen zu wissen meinen.

Unsere Bemühungen um nachhaltige Investitionen wurden von einem außergewöhnlichen Team geleitet: John Moyer, Alix Lebec, Hannah Kovich und Gina Zanolli. Aber selbst sie schafften das Unmögliche nicht. Warum sollten wir auf Teufel komm raus versuchen, etwas passend zu machen, was nicht passte, fragten wir uns, wenn es vielleicht einen besseren Weg gab? Was, wenn wir eine völlig eigenständige Organisation ins Leben rufen würden, mit einem anderen Erscheinungsbild als Water.org und einem anderen Fachgebiet? Mit dieser Idee im Hinterkopf beschlossen wir, eine Vermögensverwaltung zu gründen – unsere eigene Version eines Rentenpensionsfonds, der man seine Altersvorsorge anvertrauen würde. Nur würden wir nicht in Technologie- oder Gesundheitsunternehmen investieren, sondern ausschließlich in die Verbesserung des Zugangs zu sauberem Wasser und sanitären Einrichtungen. Also gründeten wir 2017 WaterEquity, die erste Vermögensverwaltung, die sich der Lösung der globalen Wasserkrise widmet. Und da man normalerweise keine Filmschauspieler oder Ingenieure mit der Investition seines Geldes beauftragt, heuerten wir ein Team von echten Finanzexperten an, angeführt von Paul O'Connell, einem erfahrenen Profi im Bereich Vermögensverwaltung.

Natürlich kann man – völlig offensichtlich – eine Investmentgruppe nicht wie eine gemeinnützige Organisation führen. Nicht einmal diese Art von Investmentgruppe. Etwa zwei Drittel der Investoren sind sogenannte Double-Bottom-Line-Anleger – was bedeutet, dass sie zwar nach Investitionsmöglichkeiten suchen, die Gutes in der Welt bewirken, aber gleichzeitig nicht auf eine Rendite verzichten wollen, die sie bei einer Anlage auf dem normalen Markt erhalten würden.[116] Um sie dazu zu bewegen, in den Bereich Wasser und Sanitär zu investieren, konnten wir also schlecht sagen: »Eure Rendite wird niedrig sein, aber dafür ist es für einen guten Zweck.« Wir mussten einen Weg finden, um höhere Renditen zu erzielen.

Die einfachste und offensichtlichste Möglichkeit kam für uns nicht infrage, sie war völlig inakzeptabel: Auf keinen Fall wollten wir die Zinssätze für die Mikrokredite anheben. Das würde zwar die Rendite erhöhen, aber es könnte die Menschen noch tiefer in die Armut treiben. Es musste einen anderen Weg geben.

Weil wir und unsere MFI-Partner uns auf völlig neuem Terrain bewegten, musste es irgendwie möglich sein, die Abläufe effizienter zu gestalten, um so die Kosten für die Verwaltung der Kredite zu senken und die Renditen für die Anleger zu steigern. Auch begannen wir, etwas über sogenannte Mischfinanzierung zu lernen. Das klingt vermutlich wie eingeschlafene Füße. Aber ehrlich gesagt ist es wirklich spannend, denn es bietet mehr Investoren die Möglichkeit, Gewinne zu erzielen, ohne dass das auf Kosten von Menschen in Armut geschieht.

Durch Mischfinanzierung bringt man ein breites Spektrum von Anlegern zusammen – einige mit geringer und andere mit hoher Risikobereitschaft, solche ohne jegliche Renditeerwartung und jene, die eine marktübliche Rendite wollen – und bündelt ihre Mittel in einem einzigen Fonds. Wie genau das funktioniert, erspare ich Ihnen – das Wichtigste ist, *dass* es funktioniert. Und es funktioniert sogar sehr, sehr gut. Vor allem, wenn man eine neue Art nachhaltiger Anlagen anbietet, die einen entscheidenden Bedarf für Menschen in Armut decken.

Unseren ersten 10-Millionen-Dollar-Fonds zusammenzubekommen war, wie gesagt, schwierig. Für den zweiten Fonds von WaterEquity erklärte sich dann die Bank of America bereit, uns mit einer Investition von fünf Millionen Dollar zu unterstützen – und verzichtete für dieses Geld auf Zinsen. Durch diesen großzügigen Schritt konnten wir den Anlegern des Fonds eine höhere Rendite zusichern. Unser erster Fonds hatte eine Rendite von zwei Prozent angestrebt. Mit der Unterstützung der Bank of America konnten wir für unseren zweiten Fonds schon eine Rendite von dreieinhalb Prozent anpeilen. Das erschloss uns einen ganz neuen Kreis an Investoren. Und zwar so viele, dass unser zweiter Fonds das fünffache Volumen besaß wie der erste. Genau darin liegt die Stärke der Mischfinanzierung.

Mit einem so großen Fonds konnte WaterEquity seine Reichweite über Indien hinaus auf Indonesien, Kambodscha und die Philippinen ausdehnen. Wir rechneten damit, dass das Geld im Laufe von sieben Jahren 4,6 Millionen Menschen mit sauberem Wasser und sanitären Einrichtungen versorgen würde.

So aufregend Fonds wie dieser auch sind, wissen wir doch, dass Water.org und WaterEquity selbst in diesem riesigen Umfang nicht in der Lage sein werden, das gesamte Kapital aufzubringen, das zur definitiven Lösung der Krise benötigt wird. Unser langfristiges Ziel ist es daher, einen echten *Systemwandel* anzustoßen – einen dauerhaften Kapitalmarkt zu etablieren, der diejenigen, die sauberes Wasser brauchen, mit denjenigen zusammenbringt, die das Kapital haben, um dieses Wasser zu finanzieren, sodass beide Seiten davon profitieren können. Märkte funktionieren natürlich am besten, wenn für beide Seiten ein Mehrwert geschaffen wird. Wir erleben, dass Märkte, die Menschen an vielen Stellen der Welt mit Wasser und sanitären Einrichtungen versorgen, funktionieren, und haben den Dreh schon fast raus, damit das überall klappen kann.

Deshalb sehen wir uns selbst als Social Entrepreneurs, als soziale Unternehmer. Normalerweise suchen Unternehmer sich eine Nische, bauen ihr geistiges Eigentum auf, schaffen Werte und gehen dann an die (Börsen-)Öffentlichkeit. Als *soziale* Unternehmer sind wir aus demselben Holz geschnitzt – nur dass »an die Öffentlichkeit gehen« bei uns bedeutet, dass wir unser geistiges Eigentum mit der Welt teilen, den Code als Open Source zur Verfügung stellen und uns dafür einsetzen, dass andere Investoren davon lernen, damit sie Teil der nachhaltigen Veränderung werden können, die wir uns vorstellen.

Als wir WaterEquity auf den Weg brachten, erhielten wir gleichzeitig bei Water.org gute Nachrichten aus einer auf den ersten Blick unerwarteten Richtung: von einem Bierhersteller. Unser Team hatte erfahren, dass Stella Artois sich im Kampf gegen die Wasserkrise engagieren wollte, und wir konnten sie für eine Partnerschaft gewinnen. Stella Artois würde einen Teil des Gewinns von jedem verkauften Bier an Water.org spenden. Außerdem würden sie ihre Marketingabteilung auf das Thema loslassen. Das Unternehmen ist für seine smarte und wirksame Werbung bekannt, und Matt und ich waren begeistert, ihr Team für die Erfindung von Werbekampagnen zur Notwendigkeit von sauberem Wasser zu gewinnen – und was die Verbraucherinnen und Verbraucher dazu beitragen können. »Buy a Lady a Drink« (dt. »Kauf einer Frau einen Drink«) war eine dieser Kampagnen, die eher klingt, als stamme sie aus den 1950er-Jahren Aber der Slogan sollte die Aufmerksamkeit der Menschen wecken – und das gelang. Sobald sie zuhörten, informierte die Kampagne sie darüber, dass Millionen von Frauen weltweit jeden Tag sehr viel Zeit mit der Suche nach Wasser verlören und dass man mit dem Kauf eines Stella-Biers helfen könne, Wasseranschlüsse zu finanzieren. »Pour It Forward« (dt. »Allen einschenken«) war eine andere großartige Kampagne. Stella verkaufte eine Sonderkollektion ihrer berühmten Bierkelche, die von Künstlern aus den Ländern, in denen Water.org arbeitet, gestaltet worden waren, um noch mehr Geld zur Bekämpfung der Wasserkrise zu sammeln. Die Kampagne war so erfolgreich, dass Stella Artois ab da jedes Jahr ein neues Kelchset herausbrachte.

Für Stella Artois ging es dabei nicht nur um Wohltätigkeit. Es war auch finanziell sinnvoll, einen Teil der Einnahmen aus jedem Verkauf zu verschenken. Die Mitarbeitenden von Stella und ihrer Muttergesellschaft Anheuser-Busch InBev erkannten, dass sich die Leute mit dem Kauf eines Biers eine kleine Erfrischung, ein kleines bisschen Leichtigkeit kauften – und dass sie ein ähnliches Gefühl an die Menschen weitergeben wollten, die es am dringendsten brauchten. Wenn die Menschen mit dem Kauf eines Stella etwas Gutes tun könnten, so die Überlegung, würden sie mehr davon kaufen wollen. Die Zahlen geben ihnen recht. Laut einer kürzlich durchgeführten Umfrage sind zwei Drittel der Kunden bereit, einen Aufpreis für Produkte und Dienstleistungen mit positiver Wirkung zu zahlen.[117]

Es kommt nicht oft vor, dass sich für eine NGO und einen

Bierhersteller eine Win-win-Situation ergibt, aber das war ein solcher Fall. Für Water.org brachte die Partnerschaft nicht nur dringend benötigte Finanzmittel, sondern sorgte für die Verbreitung unserer Botschaft. In einem Jahr schaltete Stella einen Super-Bowl-Werbespot für die Kampagne *#PourItForward*. Der Spot war natürlich so gestaltet, dass die Leute Bier kaufen sollten. Aber er gab Matt auch die Möglichkeit, mit 100 Millionen Menschen über die Wasserkrise zu sprechen. Matt ist ein so großes Publikum gewöhnt, aber unsere Organisation hätte das niemals allein schaffen können.

Immer mehr Menschen erfuhren von uns und unserer Arbeit. Und was noch wichtiger war: Sie erfuhren von der Problematik und dass etwas dagegen getan werden kann – und bereits getan wird. Und noch wichtiger: Sie wollten Teil der Lösung sein. Ihre Spenden trugen zu weiterem Wachstum bei und ermöglichten es uns, mehr Menschen in mehr Ländern zu erreichen. Unternehmen wie Inditex, Ecolab und Reckitt sowie die Target Foundation unterstützen uns und verschafften uns noch mehr Rückenwind.

Der Privatsektor kam an Bord, Investoren schlossen sich an, und Water.org und unser WaterEquity-Team begannen, sich gegenseitig zu helfen. Water.org zeigte uns, wo Finanzmittel am dringendsten benötigt wurden, und half beim Aufbau der Investitionspipeline; WaterEquity gab uns die Möglichkeit, dieses Geld zu beschaffen und es dorthin zu lenken, wo es gebraucht wurde.

Ich erinnere mich, dass wir, als wir WaterCredit ins Leben riefen, eine Veranstaltung in Indien organisierten, bei der wir mit Vertretern von NGOs aus dem Wasserbereich über unsere Idee sprechen wollten. Es kamen nur ein paar Leute. Der einzige Ort, den wir für das Treffen hatten finden können, war ein Klassenzimmer mit winzigen Stühlen und Tischen gewesen. Die Leute hockten zusammengekauert da und versuchten, mir zu folgen, als ich unseren Ansatz vorstellte. Zehn Jahre später, Mitte der 2010er-Jahre, kamen mehr als hundert Menschen zu solchen Treffen, und wir mussten große Räume in Hotels anmieten, um all die Leute kennenzulernen, die an einer Zusammenarbeit interessiert waren. Das war nur eines von vielen merklichen Zeichen, dass unsere Reichweite wuchs.

Unsere wichtigste Erkenntnis in Bezug auf die Wasserkrise – die Erkenntnis, die uns zu allem anderen inspirierte – war, dass es sich im Grunde um ein Geldproblem handelte: Wir benötigten eine fast unvorstellbare und scheinbar unerreichbare Menge an Geld, um die Krise zu beenden. Aber mit der neuen Vorgehensweise und den grenzenlosen Möglichkeiten schien das Finanzierungsproblem doch überwindbar zu sein.

Zu jener Zeit mussten wir es irgendwie schaffen, die *wirkliche* Rendite des Fonds sichtbar zu machen. Finanzielle Renditen sind einfach darzustellen: Zahlen in einem Diagramm. Darüber hinaus beschrieben wir unsere Wirkung, indem wir die Menschen zählten, die dank des Fonds Wasser und sanitäre Anlagen erhalten hatten. Aber selbst diese Zahlen konnten die tatsächlichen Auswirkungen eines Wasseranschlusses auf das Leben der Menschen nicht wirklich vermitteln. Also ergänzten wir unsere Daten um Geschichten – und erzählten unseren Investoren von Leuten wie Boddamma, einer Frau, die ein Kollege von mir auf einer Reise nach Indien im Juli 2014 kennenlernte.

Damals war Boddamma neununddreißig Jahre alt. Sie lebte mit ihrem Mann und ihren drei Kindern im Teenageralter – zwei Töchter und ein Sohn – in einem Slum in Südindien. Sie arbeitete als Tagelöhnerin, ihr Mann war als Schreiner tätig.

Wasser war für die Familie ein ständiges Problem. Sie lebten in einem kleinen Haus auf der Kuppe eines steilen Hügels. Jeden Tag mussten Boddamma oder eine ihrer Töchter eine Stunde laufen, um die schweren Wasserkrüge zu füllen und sie dann den Hügel hinaufzutragen. Weil der Aufstieg so beschwerlich war, wuschen und reinigten sie so viel wie möglich am Fuße des Hügels und trugen den Rest zum Haus hinauf. Boddamma und ihre beiden Töchter blieben abwechselnd von der Arbeit oder der Schule fern, um das alles zu erledigen. Was bedeutete, dass Boddamma jede Woche zwei Tage Lohnausfall hatte und ihre Töchter jeweils zwei Tage in der Schule fehlten. Es überrascht nicht, dass die schulischen Leistungen der beiden Mädchen darunter litten – genau wie die ökonomische Situation der Familie.

Im Jahr 2014 beschloss Boddamma, das Problem anzugehen. Sie nahm einen Kredit von etwas über einhundertfünfzig Dollar auf, und der örtliche Wasserversorger installierte einen Wasserhahn vor ihrer Tür. Boddamma zahlte den Kredit mit einer Rate von etwa fünfzehn Dollar pro Monat zurück – was kein Problem war, denn allein die acht zusätzlichen Tage, die sie nun jeden Monat arbeiten konnte, brachten ihr das Doppelte der Kreditausgaben ein. Und nachdem sie den Kredit vollständig zurückgezahlt hatte, musste Boddamma monatlich nur noch eine kleine Wasserrechnung begleichen.

So konnten Boddammas Töchter jeden Tag zur Schule gehen, nicht nur einen Teil der Woche, und lernten dadurch viel mehr. Eines der Mädchen sagte: »Ich will nicht, dass andere so leiden, wie ich gelitten habe.« Um ihren Nachbarn zu helfen, begann die Familie, ihr Wasser mit drei anderen Familien zu teilen – elf weitere Personen – und das kostenlos.

Denken Sie nur an die Auswirkungen dieses einen Kredits über etwa einhundertfünfzig Dollar. Eine Frau kann nun das Geld verdienen, das sie braucht, um ihre Familie zu versorgen. Zwei Mädchen können sich ihrer Ausbildung widmen – und sich darauf konzentrieren, das zu werden, was sie im Leben werden wollen. Und elf weitere Nachbarn profitieren von den Vorteilen einer nahe gelegenen Wasserquelle – Zeit, Geld und Gesundheit. Denken Sie an all das Gute, das ein einziger Kredit bewirkt. Und nun stellen Sie sich vor, wenn sich das millionenfach multipliziert.

Als wir 2019 nach Davos flogen, ging Matts Koffer verloren. Fand Bono fünf Jahre zuvor Matts Pullunder schon peinlich, will ich mir nicht vorstellen, wie Matt sich gefühlt haben muss, als er sich jetzt meine Klamotten ausleihen musste (trotzdem werde ich niemals einen Wettbewerb gegen Matt Damon gewinnen, bei dem es darum geht, wer schicker gekleidet ist). Aber man merkte, dass Matt sich trotz meines unmodischen Pullovers dieses Mal viel wohler fühlte, als wir in der Kälte herumstiefelten und jedem, der uns Gehör schenkte, unser Anliegen vortrugen. Mir ging es auf jeden Fall so. Wir hatten von Anfang an gewusst, dass der beste Weg, Unterstützung zu bekommen, darin bestand, die Zahlen so hochzufahren, dass niemand sie mehr ignorieren konnte. Und inzwischen konnten wir diese Zahlen vorweisen.

Jetzt, 2019, konnten wir berichten, dass wir mehr als eine Milliarde Dollar zur Bekämpfung der Wasserkrise mobilisiert hatten. Das bedeutete nicht, dass wir eine Milliarde Dollar an Spenden und Investitionsgeldern erhalten hatten – diese Größenordnung bleibt für uns weiterhin ein Traum. Aber es bedeutete, dass unsere Partnerinnen und Partner durch den von uns angeschobenen Darlehenszyklus Kredite im Wert von mehr als einer Milliarde Dollar vergeben hatten (heute sind es mehr als drei Milliarden Dollar). Da wir so schnell und effizient kalkuliert hatten – was zum großen Teil unserem unglaublichen Chief Insights Officer Rich Thorsten und Chief Operating Officer Vedika Bhandarkar zu verdanken war –, hatte jeder Dollar, der über unsere Organisation investiert worden war, mittels Hebelwirkung einen Wert von dreizehn Dollar erzielt. Selbst unter den reichsten Menschen der Welt findet der Begriff »Milliarde« Beachtung. Viele dieser erfolgreichen Menschen sind im Herzen Problemlöser. Sie wollen ihr Geld in Dinge stecken, die wirklich funktionieren. Mit diesen Zahlen hatten wir den Beweis, dass wir uns nicht nur eine nette Idee ausgedacht, sondern einen echten Kniff gefunden hatten – eine Methode, die einen großen Beitrag zur Lösung dieser Krise leisten konnte.

Die Investmentwelt begann, uns ernster zu nehmen. Ich erinnere mich, dass wir, als wir das erste Mal in Davos waren, in der CNBC-Wirtschaftsnachrichtensendung *Squawk Box* auftraten. Damals wurden wir noch als Kuriosität in der Geschäftswelt dargestellt, als echtes Novum. Als wir in den darauffolgenden Jahren wieder in der Sendung auftraten, hatten wir echte Investmentfonds im Gepäck, über die wir sprechen, und echte Leistungskennzahlen, mit denen wir angeben konnten. Im Jahr 2019 dann wurden wir zusammen mit wichtigen Akteuren aus der Wirtschaft wie Carlos Brito und Anne Finucane in die Sendung eingeladen.

Beflügelt von diesem Rückenwind, erklärten sich mehr und mehr Geldgeber zu Investitionen bereit. In der gleichen Zeit, in der wir zehn Millionen Dollar für unseren ersten Fonds zusammenbrachten, sammelten wir 50 Millionen Dollar für unseren zweiten ein. Bis heute sind beide Fonds auf dem besten Weg, genauso viele Menschen zu erreichen wie erwartet. Deshalb haben wir unsere Ziele noch höhergesteckt: Wir haben einen Fonds mit 150 Millionen Dollar aufgelegt. Eine Finanzierung in dieser Größenordnung ermöglicht es uns, noch einmal wesentlich mehr Menschen zu erreichen – und zwar möglichst schnell.

Unsere beiden früheren Organisationen hatten zusammen zwanzig Jahre gebraucht, um eine Million Menschen zu erreichen – 2019 waren es mit Water.org, WaterEquity und all unseren Partnerinnen und Partnern *jedes Quartal* zwei Millionen Menschen weltweit.

8

VENTURE PHILANTHROPY

Matt Damon

Wäre dies ein Drehbuch für einen Film, bekämen wir an diesem Punkt unserer Geschichte ein Problem mit dem Spannungsbogen: Die ersten Hindernisse liegen hinter uns, die Dynamik nimmt zu, Ziele, die einst unmöglich erschienen, befinden sich zunehmend in Reichweite. Alles deutet darauf hin, dass wir uns zielgerichtet auf den Höhepunkt zubewegen – an dem Gary auf einem Podium bei, sagen wir, den Vereinten Nationen steht und erklärt, dass die globale Wasserkrise … überwunden ist.

Aber das Leben entwickelt sich nicht immer so, wie man es im Drehbuch gerne hätte. Völlig unerwartet verschob sich der Höhepunkt unserer Geschichte, die Handlung geriet ins Stocken, und uns blieb nichts übrig, als das Drehbuch umzuschreiben.

Es hatte keinerlei Vorwarnung für diese Wendung gegeben. Wir waren mit einem richtig guten Gefühl ins Jahr 2019 gestartet. Die WaterCredit-Programme florierten und das Fundraising für WaterEquity lief besser denn je. Ich trug in Davos Garys Klamotten und fand, dass sie mir ziemlich gut standen. Doch dann geschah etwas Seltsames: Die Spendengelder, auf die Water.org angewiesen war, stiegen nicht in dem Maße, wie wir es erwartet hatten. Im Gegenteil: Sie gingen zurück – um fast zwanzig Prozent.

Zwanzig Prozent sind kein Pappenstiel. Kürzen Sie mal etwas um zwanzig Prozent, egal was, und Sie werden die Folgen deutlich zu spüren bekommen. Natürlich machten sich Gary und das Team auf die Suche nach den Ursachen. Daran, dass unsere Projekte ihre Ziele nicht erreichten, konnte es nicht liegen – denn häufig übertrafen sie sie sogar. Der Rückgang der Finanzmittel hatte nichts mit unserer Leistung zu tun, so viel war klar. Und auch mit nichts anderem, auf das man hätte zeigen, das man zusammenzählen, auf das man seinen Finger hätte legen können.

Es stellte sich heraus, dass wir es mit einem Problem zu tun hatten, mit dem sich auch viele andere NGOs und gemeinnützige Unternehmen irgendwann im Laufe ihres Daseins konfrontiert sehen: die Launen der Philanthropie. Es klingt verrückt – es *ist* verrückt –, aber Philanthropie hat, genau wie Mode, genau wie Musik, ihre Phasen, ihre Trends. Gerade noch ist man »in«, dann kommt etwas Neues daher … und schon ist man zwar vielleicht nicht völlig »out«, aber eben auch nicht mehr so »in« wie gerade eben noch. Wie Gary schrieb, war beispielsweise das Thema Wasser während der Wasser-Dekade der 1980er-Jahre schwer in Mode – und danach eben wieder out (wenn ein Jahrzehnt nach etwas benannt wird, ist das ein ziemlich eindeutiges Zeichen dafür, dass es in Mode ist). Aktionen kommen und gehen – man erinnere sich nur an die Ice Bucket Challenge zur Bekämpfung der Nervenkrankheit ALS –, aber die Probleme bleiben bestehen. Und so haben sich 2019 einige unserer wichtigsten Spenderinnen und Spender mit einem Mal für andere, neuere Investitionsmöglichkeiten interessiert und dann eben nicht mehr uns, sondern andere Organisationen finanziert.

Dieser Rückgang traf uns ehrlich gesagt völlig unvorbereitet. Hätten wir mal besser die Wasser-Dekade und ihr unrühmliches Ende im Hinterkopf behalten. Vielleicht dachten wir auch einfach, dass es dieses Mal bestimmt anders abliefe. Ich meine, wir hatten unsere Arbeit gut gemacht – wir waren dynamisch, die Zahlen stimmten, wir hatten neue Unterstützer und Investoren gewonnen, wir hatten ein Modell getestet und verbessert, das funktionierte, und zwar richtig gut funktionierte. Wir hatten einen unglaublich effizienten Motor konstruiert, der wie geschmiert lief: Gib ihm etwas Treibstoff, und er läuft und läuft und läuft. Doch dann ging uns mit einem Mal der Sprit aus.

Ich wurde das Gefühl nicht los, dass ich etwas falsch gemacht hatte. Oder dass ich vielleicht einfach nicht genug Richtiges tat. Wir hatten eine starke Basis und ein hervorragendes Team, so viel war klar. Und ich war mir auch bewusst, dass meine Aufgabe eigentlich einfach war – nämlich mehr Menschen dazu zu bringen, dieser guten Arbeit Beachtung zu schenken und sie zu unterstützen. Und genau dabei versagte ich meinem Gefühl nach.

Im selben Jahr, in dem unsere Finanzflüsse dahinschwanden, nahm Gary an der Skoll-World-Forum-Konferenz in Oxford teil, auf der Social Entrepreneurs über ihre Projekte und Pläne sprachen. In Oxford kommen einige der kreativsten Social Entrepreneurs der Welt zusammen – Leute, die dafür sorgen, dass auch Mädchen die Schule besuchen können, die den Menschenhandel bekämpfen oder die globale Gesundheit verbessern. Von solchen Veranstaltungen kommt Gary normalerweise richtig energiegeladen und mit einer Menge Geschichten und Ideen zurück. Aber dieses Mal hatte es nicht viel zu besprechen gegeben, so gedrückt war die Stimmung auf der Konferenz.

Es wurde fast ausschließlich über Geld gesprochen – beziehungsweise über fehlendes Geld. Genau wie Water.org hatten auch fast alle anderen Schwierigkeiten, ausreichend Spenden zu generieren. Da trafen sich also Vorsitzende von sozialen Unternehmen mit einem unglaublichen Erfolgspotenzial, und nicht wenige hatten Schwierigkeiten, ihre Organisationen über Wasser zu halten. Sie alle waren ja nur deshalb auf der Skoll-Konferenz, weil längst erwiesen war, dass sie etablierte, äußerst erfolgreiche Ideen mit Wachstumspotenzial umsetzten. Und trotzdem wollte niemand diesen Unternehmen das nötige Kapital geben, damit sie weiterwachsen konnten.

Diese Entwicklung stand in völligem Widerspruch zu allem, was Gary und ich in der Welt der gewinnorientierten Investitionen erlebt hatten. Normalerweise neigen Investoren durchaus dazu, auf große Ideen zu setzen – vor allem auf große und erfolgreiche Ideen. In der Welt des Risikokapitals gilt: Je besser man einer schwierigen Aufgabe begegnet, desto größer ist die Investitionssumme, die man dafür erhält. Auf diese Weise trägt Risikokapital dazu bei, dass richtig gute Ideen eine richtig große Wirkung entfalten – und nicht zufällig auch eine höhere Rendite erzielen.

Aber anscheinend gab es nicht genügend Spender, die bereit waren, diese Denkweise auch auf Social Entrepreneurs anzuwenden. Wenn aber Spenden von Launen und Moden statt von

Erfolgen abhängen, dann versiegen die Mittel für Organisationen wie WaterEquity irgendwann. Und Gary und ich fürchteten, dass wir auf dem besten Weg dahin waren.

Die schwindenden Spenden waren natürlich nicht die einzige Bedrohung für unsere Hoffnungen und Pläne. Niemand, der das Jahr 2020 miterlebt hat, wird es nicht für den Rest seines Lebens als Wendepunkt in Erinnerung behalten – als Trennlinie zwischen vorher und nachher, als den Zeitpunkt, an dem uns allen schmerzlich bewusst wurde, wie wenig wir als selbstverständlich betrachten können.

Ich werde nie vergessen, wie plötzlich alles zum Erliegen kam. Im März 2020, als Corona uns zwang, uns in unsere jeweiligen Nischen zurückzuziehen, wurden die Büros von Water.org geschlossen, genau wie auch alle anderen Büros, Restaurants, Schulen und sonstigen Einrichtungen weltweit. Ich hatte Glück. Ich hatte gerade einen Film in einem irischen Küstendorf gedreht – ein wunderschöner, friedlicher Ort, der völlige Kontrast zu dem Chaos, das gerade die Welt beherrschte. Kurz entschlossen blieben meine Familie und ich einfach dort.

Von diesem Dorf aus zu beobachten, wie sich die Panik über die Welt ausbreitete, war unheimlich – auch weil ich genau diese Szenerie buchstäblich schon einmal geprobt hatte. Zehn Jahre zuvor hatte ich einen Film mit dem Titel *Contagion* gedreht. Der Titel bringt es auf den Punkt: Eine tödliche Atemwegserkrankung überrollt den Planeten. Der Handlungsbogen der ganz realen Horrorgeschichte, die sich 2020 abspielte, war mir daher vertraut: die sehr zögerlichen ersten Reaktionen, die sich ausbreitende Panik, die beängstigende Stille während der Massenquarantäne, die zwielichtigen Wortführer, die ihre zwielichtigen Heilmittel verkaufen, und natürlich die allgegenwärtige Ermahnung: *Wascht euch die Hände!*

Aber sosehr das alles auch wie eine dystopische Fiktion erschien, war es diesmal das wirkliche Leben. Und während ich in unserem Haus am Waschbecken stand und zweimal *Happy Birthday* sang, um ganz sicherzugehen, dass ich mir auch lang genug die Hände gewaschen hatte, dachte ich an die Hunderten Millionen Menschen, die das nicht tun konnten, weil sie keinen Zugang zu Wasser hatten. Etwa zur selben Zeit hatte ein Reporter ausgerechnet, wie oft man damals am Tag in eine Situation geriet, nach der man sich laut Empfehlung der Gesundheitsbehörden die Hände waschen sollte – zum Beispiel, nachdem man etwas außerhalb des Hauses angefasst oder gehustet oder geniest hatte –, und war auf zehn oder mehr Mal täglich gekommen. Eine vierköpfige Familie bräuchte dafür knapp achtzig Liter Wasser pro Tag.[118]

Für Menschen, die dieses Wasser (plus das zusätzliche Wasser, das sie für andere Zwecke benötigen) erst mal in Kanistern oder Eimern herbeischleppen müssen und die zwangsläufig jeden Tropfen Wasser als die knappe Ressource behandeln, die es auch ist, ist das natürlich keine Option. Und genauso unmöglich ist es, den Anweisungen der Behörden zu folgen und zu Hause zu bleiben, um sich nicht anzustecken oder das Virus zu verbreiten, wenn es zu Hause weder Wasser noch sanitäre Anlagen gibt – ein echtes Dilemma.

Und das galt ja nicht nur für private Haushalte, sondern auch für Krankenhäuser. In Ländern mit niedrigem Einkommen verfügt ein Viertel der Gesundheitseinrichtungen weder über Seife noch über fließendes Wasser[119] – das ist die erschreckende Realität. Das heißt mit anderen Worten: Inmitten einer weltweiten Pandemie haben die im Gesundheitswesen beschäftigten Menschen nicht einmal Wasser, um sich die Hände zu waschen. Unfassbar. Die Welt hat sich damals sinnvollerweise darauf konzentriert, das medizinische Personal verstärkt mit persönlicher Schutzausrüstung (PSA) auszustatten. Nur – was könnte grundlegender und wertvoller sein als Wasser?

Mit einem Mal wurde der Zugang zu Wasser und sanitären Einrichtungen noch stärker als zuvor zu einer Frage von Leben und Tod. Und zugleich waren Water.org und unsere Partner komplett handlungsunfähig. Die Pandemie brachte all unser Bestreben, die Zahl der Wasseranschlüsse zu erhöhen, mehr oder weniger vollständig zum Erliegen. Denn wie schon beschrieben findet diese Arbeit von Angesicht zu Angesicht statt: Die Kreditberater und -beraterinnen gehen in den armen Communities von Haus zu Haus und bieten persönliche Schulungen und Transaktionen an. Das funktioniert nicht über Zoom. Eine Zeit lang waren uns also komplett die Hände gebunden.

Aber nicht nur die Menschheit kam zum Stillstand, es floss auch kein Geld mehr. Die wirtschaftlichen Folgen der Pandemie wirkten sich auf den ganzen Planeten aus; für uns bedeutete das ganz konkret, dass die Spenden noch weiter zurückgingen. Kurz nach Ausbruch der Pandemie teilte uns der größte Spender von Water.org mit, dass er seine geplante Unterstützung – ein Drittel unseres Gesamtbudgets – nicht würde leisten können.

Seit Jahren hatten wir darüber gesprochen, wie groß wir noch werden, wie viele Menschen wir noch erreichen könnten. Und plötzlich waren wir wie viele andere Organisationen auch gezwungen, uns darüber Gedanken zu machen, wie wir die nächsten Monate überstehen sollten. Das Ziel, der Wasserkrise ein Ende zu setzen, das jahrelang immer greifbarer geworden zu sein schien, war mit einem Mal in weiter Ferne.

Wie können wir uns in Zeiten plötzlicher Umwälzungen und Krisen den Blick aufs Wesentliche bewahren? Wie lässt sich stetiger Fortschritt bei der Bewältigung eines Problems erzielen, das unsere volle Aufmerksamkeit und unseren vollen Einsatz erfordert?

Darauf gibt es keine einfache Antwort. Aber ein Teil der Antwort liegt sicher darin, immer wieder daran zu erinnern, dass Wasser eine zentrale Rolle bei der Bewältigung fast aller Krisen spielt. Selbst dabei, Krisen aufzuhalten, bevor sie überhaupt begonnen haben.

Nehmen wir zum Beispiel Krisen im Gesundheitsbereich. Wasser und sanitäre Einrichtungen sind unverzichtbar, um die Ausbreitung von Viren wie Covid-19 zu stoppen. So können wir uns beim nächsten Mal – so hart es ist, aber Wissenschaftlern zufolge wird es sehr wahrscheinlich ein nächstes Mal geben – mit entsprechenden Installationen viel besser wappnen, bevor die Pandemie ausbricht.[120]

Lassen Sie mich zur besseren Erläuterung das Ende von *Contagion* erzählen. Spoiler-Alarm also – sofern man überhaupt noch von spoilern sprechen kann, da wir doch alle die Real-Life-Version erlebt haben.

Am Ende des Films schwenkt die Kamera weg von den Figuren, die wir kennengelernt haben, und eine Fledermaus kommt ins Bild. Die Fledermaus lebt in einem Wald, doch weil der Wald abgeholzt wird, um Platz für Ackerland zu schaffen, sucht sie in einer industriellen Schweinefarm Zuflucht, wo sie ein Stück Banane fallen lässt, das sie gerade verzehrt. Das Schwein, das die Banane frisst, wird später in einem Restaurant in Hongkong zubereitet – von einem Koch, der sich nicht die Hände wäscht, bevor er Gwyneth Paltrow, meiner Frau im Film, die Hand schüttelt. So wird sie zur Patientin Null, nachdem ein neues tödliches Virus erst von der Fledermaus auf das Schwein und dann auf den Menschen übergegangen ist.

Auch wenn der Übertragungsweg fiktiv sein mag – ich beschreibe diese Szene deshalb so ausführlich, weil sich die Experten weitgehend darin einig sind, dass die maßgeblichen drei Faktoren – die Zerstörung natürlicher Lebensräume, die Wildtiere in die Nähe des Menschen treibt, die industrielle Landwirtschaft, die das Immunsystem der Tiere schwächt, und die Globalisierung, die die Menschen in engeren Kontakt zueinander bringt – die idealen Voraussetzungen für die Verbreitung neuer Krankheiten schaffen.

»Wir hätten wissen müssen, dass das passieren würde« –, das haben viele von uns irgendwann während der Corona-Pandemie gesagt; nun, das gilt auch für die nächste Pandemie. Dr. Simon Reid, Experte für übertragbare Krankheiten, hat es so formuliert: »Wenn wir die Bedingungen, die das Problem verursacht haben, nicht ändern, warten wir sehenden Auges darauf, dass das Ergebnis der nächsten Wahrscheinlichkeitsgleichung eintritt. Und das wird definitiv geschehen.[121]«

Und noch etwas hat Scott Z. Burns, der Drehbuchautor von *Contagion*, ganz richtig erkannt: Händewaschen wird bei Gesundheitskrisen immer unsere erste Schutzmaßnahme sein. Als Scott mir das Drehbuch für den Film schickte, hatte er eine Notiz angeheftet, auf der stand: »Lies das, und dann wasch dir die Hände«.[122]

Ein flächendeckender Zugang zu Wasser und sanitären Einrichtungen würde den Ausbruch einer Pandemie unwahrscheinlicher machen – und falls es doch dazu käme, würde sie sich langsamer ausbreiten. Diese Erkenntnis setzte sich während der Corona-Pandemie zunehmend durch. Die *Washington Post* etwa brachte eine aussagekräftige Geschichte unter der Überschrift »Living Through a Pandemic When Your Access to Water Is Difficult« (»Leben in Zeiten einer Pandemie ohne direkten Zugang zu Wasser«), und die *New York Times* fragte: »How Do You Fight the Coronavirus Without Running Water?« (»Wie bekämpft man das Coronavirus ohne Zugang zu fließendem Wasser?«).[123,124] Nicht sehr effektiv, lautete die Antwort. Gary und ich wurden eingeladen, das Thema in der Sendung *TIME 100 Talks* zu diskutieren. Wir mussten das US-Publikum nicht erst davon überzeugen, dass sauberes Wasser dabei hilft, die Ausbreitung des Virus zu stoppen – das wussten die Leute. Also versuchten wir, die Gründe dafür noch mal zu unterstreichen.

Selbstredend begriffen das auch die Menschen, die selbst keinen Zugang zu Wasser hatten, und zwar auf einer noch tieferen Ebene. Deshalb ist die Nachfrage nach Krediten für Wasser- und Sanitäranlagen im Jahr 2020 mancherorts sogar noch gestiegen, trotz aller Hindernisse – so sehr, dass wir in Indien, dem größten Land, in dem wir tätig sind, unser Jahresziel sogar noch übertroffen haben. Wir haben alle mit angepackt, mit unseren Freunden und Familien, um Water.org am Laufen zu halten. Dank vieler großer und kleiner Spenden und harter Arbeit und der Kreativität aller konnten wir letztlich weitermachen und die Arbeit vor Ort fortsetzen.

Wir haben uns in dieser Zeit mehr denn je unserer Mission verpflichtet gefühlt. Die Pandemie hat uns allen schmerzlich vor Augen geführt, dass Geschehnisse am anderen Ende der Welt letztlich auch die Familie nebenan betreffen können. Der Zugang zu sauberem Wasser und sanitären Einrichtungen wird Communities viel sicherer machen, sodass wir besser mit den Herausforderungen zurechtkommen, die als Nächstes auf uns warten; und in einer Welt, in der sich Krankheiten nicht durch Grenzen aufhalten lassen, gilt das letztlich für uns alle.

Dass das Leben der Menschen vom Zugang zu sauberem Wasser und sanitären Einrichtungen abhängt, propagieren wir seit Jahren. Aber jetzt ist klar geworden, dass auch *unser* Leben davon abhängt.

Noch deutlicher wird das angesichts der anderen Krise, die die Weltöffentlichkeit in den kommenden Jahrzehnten in Atem halten wird: dem Klimawandel.

Gary hat bereits erläutert, wie wichtig der flächendeckende Zugang zu Wasser und zu sanitären Einrichtungen für die Anpassung an den Klimawandel ist – er macht vulnerable Bevölkerungsgruppen resilienter. Eine solche Anpassung ist enorm wichtig, kann aber nicht der einzige Fokus sein. Wir können es uns nicht leisten, einfach hinzunehmen, dass das Leben auf der Erde immer beängstigender und tödlicher wird, dass Waldbrände, Wirbelstürme und Hungersnöte von nun an unser Schicksal bestimmen und uns nichts anderes übrig bleibt, als uns anzupassen. Wir müssen alles in unserer Macht Stehende tun, um den Klimawandel aufzuhalten und die Folgen abzumildern.

Und auch hier macht Wasser einen Unterschied. Wasser- und Abwassersysteme, die schlecht für die Gesundheit der Menschen sind, sind auch schlecht für die Gesundheit des Planeten. Menschliche Ausscheidungen setzen zum Beispiel Methan frei – ein Treibhausgas mit einer mindestens achtundzwanzigfach stärkeren Treibhauswirkung als CO_2.[125] Ausscheidungen und Abwässer erzeugen somit weltweit mehr Treibhausgase pro Jahr als sämtliche Autos in den Vereinigten Staaten zusammen.[126,127] Überlegen Sie mal, wie sehr wir uns darauf fokussieren, Fahrzeuge umweltfreundlicher zu machen – der ganze Kampf um neue Kraftstoffnormen, die Konkurrenz unter den Elektroautoherstellern, wer wohl den nächsten großen Wurf landen wird. Menschliche Exkremente dagegen – tja, die werden wohl nie mehr Aufmerksamkeit bekommen als der neue Tesla. Und sollten »menschliche Exkremente« doch irgendwann mal der heiße Scheiß auf Twitter werden, dann muss schon etwas sehr Schlimmes passiert sein.

Aber so unangenehm das Thema auch ist: Wir müssen uns zwangsläufig mehr damit beschäftigen. Weltweit werden achtzig Prozent der Abwässer nicht wieder aufbereitet.[128] Dadurch gelangen Exkremente in die Wasserversorgung, was Menschen krank macht, und es wird mehr Methan freigesetzt, was den Planeten krank macht.

Und es gibt noch eine andere Art von Abfall, mit dem wir uns mehr beschäftigen müssen: nämlich die Energie, die durch den Transport von Wasser von einem Ort zum anderen verbraucht wird. Denn Menschen in Armut kommen zwar irgendwie an Wasser heran – sonst könnten sie nicht überleben –, aber das geschieht auf extrem ineffiziente Weise. In vielen ländlichen Gemeinden beschränkt sich diese Energie auf die Kraftanstrengung der Menschen selbst, was nur minimale Auswirkungen auf die Umwelt hat. Doch in dichter besiedelten Gebieten sind ineffiziente Wassersysteme im Einsatz, die enorme Mengen an schmutziger Energie verbrauchen. Weil näher gelegene Quellen zu stark verschmutzt sind, müssen Wasserversorgungsunternehmen unglaublich viel Elektrizität aufwenden, um Wasser aus weit entfernten Quellen zu den Communities zu transportieren. Darüber hinaus verbrauchen die Versorgungsunternehmen jede Menge Dieselkraftstoff für die Tankwagen, die das Wasser befördern. Und weil bei alldem große Wassermengen verloren gehen, wird ein Großteil dieser Energie auch noch völlig umsonst verschwendet.

2019 reisten Gary und ich auf die Philippinen und besuchten ein solches Versorgungsunternehmen. Mit dem Strom, den Manila Water, der größte Wasserversorger des Landes, jährlich verbraucht, könnte man im gleichen Zeitraum 21 000 US-amerikanische Haushalte versorgen.[129,130] Mitarbeiter von Laguna Water, einem Joint Venture zwischen der Provinzregierung und Manila Water, erzählten uns, dass sie zehn Jahre zuvor knapp 50 Prozent ihrer Wasserlieferungen aufgrund von undichten Leitungen verloren hätten. Mit anderen Worten: In einem Land, in dem Millionen Menschen kein sauberes Wasser haben, wurde fast die Hälfte des von Laguna Water transportierten Wassers verschwendet – und damit auch die Hälfte der Energie, die für den Transport des Wassers benötigt wurde.

Inzwischen hat das Unternehmen eine echte Kehrtwende hingelegt. Der Anteil des verschwendeten Wassers ist auf ein Fünftel gesunken – immer noch viel, aber doch eine deutliche Verbesserung. Sie investieren heute in die Infrastruktur – tauschen Wasserleitungen aus, reparieren Lecks und optimieren das Verteilungssystem. Eine solche Erfolgsgeschichte aber ist selten. Versorgungsunternehmen in Entwicklungsländern verlieren im Durchschnitt etwas über ein Drittel ihres Wassers durch Leckagen – das ist einer der Gründe dafür, dass Wasser in einigen der ärmsten Gemeinden der Welt so teuer ist.[131] Wenn wir diese Systeme nicht zum Laufen bekommen, wird sich die Problematik mit der zunehmenden Verstädterung noch deutlich verschärfen. Denn um noch mehr Menschen zu versorgen, müssen die Städte noch mehr Wasser heranschaffen, was noch mehr Energie kostet. Und auch die Erschließung neuer Wasserquellen ist energieintensiv.

Aber auch hier gibt es einen anderen Weg – wir müssen ihn nur einschlagen. Laguna Water hat es vorgemacht: die Infrastruktur aufbessern, sowohl weniger Wasser als auch weniger Energie verschwenden. Heute werden deutlich intelligentere Wasser- und Abwassersysteme entworfen, die weniger Energie verbrauchen und gleichzeitig die Verschmutzung durch Abwässer reduzieren.

Ich weiß, wie schwer es ist, die Leute für einen besseren Umgang mit unserem Abwasser zu begeistern – mit Ausnahme von Gary White natürlich. Und von Bill Gates, der bekannt dafür ist, zu wichtigen Vorträgen ein Glas mit Fäkalien mitzubringen (jeder andere wäre mit dieser Methode ziemlich schnell allein im Raum).[132] Dabei gibt es wirklich gute Gründe, sich für das Thema zu begeistern.

Ich hatte ja schon erwähnt, dass die Aufbereitung von Abwässern Treibhausgase aus der Atmosphäre fernhalten kann. Verrückterweise können Exkremente aber auch *selbst* zur Energiequelle werden und genau die Energie erzeugen, die wir zum Transport von Wasser und zur Weiterverarbeitung unserer Abwässer benötigen. Weltweit gesehen könnten menschliche Exkremente, wenn sie in Brennstoff umgewandelt würden, Erdgas im Wert von etwa 9,5 Milliarden Dollar ersetzen.[133]

Oder wie die UNESCO-Generaldirektorin Audrey Azoulay meinte: »Wasser muss kein Problem sein – es kann auch Teil der Lösung sein.«[134] Für den Klimawandel, für Gesundheitskrisen und für Ungleichheit gilt das definitiv. Johan Rockström, der das Resilience Centre an der Universität Stockholm leitet, drückt es so aus: »Wasser ist der Blutkreislauf der Biosphäre und der entscheidende Faktor für unsere Zukunft.«[135] Das ist nichts anderes als die Wissenschaftlervariante des alten Thales-Zitats, das ich anfangs erwähnte: »Das Prinzip aller Dinge ist Wasser.«

Wenn wir diese Botschaft so lange weiterverbreiten, bis die Menschen sie überall auf der Welt verinnerlicht haben, dann haben wir die Chance, zu einer anderen Haltung zu finden und Wasser nicht länger als Thema zu betrachten, dessen Zeit eben kommt und geht, nicht als zweit- oder drittrangiges Problem, sondern als Lösung. Das ist eine echte Chance, und zwar in viel mehr Bereichen, als wir überhaupt ermessen können.

Vor fünfzig Jahren prägte John D. Rockefeller III. einen Begriff, mit dem er eine andere Art des Spendens beschreiben wollte: Venture Philanthropy. Er hoffte, damit einen neuen und »abenteuerlichen Ansatz zur Finanzierung unpopulärer sozialer Anliegen« zu schaffen.[136]

Venture Philanthropy, wie Rockefeller sie definierte, folgt weder den Launen der Spender noch aktuellen Trends. Die Mittel gehen vielmehr ähnlich wie bei Risikokapital an die vielversprechendsten Ideen, die für ihre Umsetzung auf Kapital angewiesen sind. Die Bedingungen sind nicht besonders streng, da Fortschritt immer gewisse Risiken mit sich bringt. Und je erfolgreicher eine Idee ist, desto mehr Mittel werden zur Verfügung gestellt – womit die Vision, die Welt zu verändern, nicht länger ein leerer Slogan bleibt.

Zu Rockefellers Lebzeiten kam Venture Philanthropy nie so richtig in Schwung – aber nun ist die Zeit reif. Die Vermögenskonzentration ist so hoch wie nie zuvor. Aber auch wenn man Glück hatte und finanziell gut dasteht, so wie ich, ist das kein Grund zum Feiern. Niemand sollte sich mit einem derart ungerechten System zufriedengeben. Die Milliardäre der Welt verfügen zusammen über genauso viel Vermögen wie sechzig Prozent der Weltbevölkerung. Das bedeutet, dass die reichsten 2153 Menschen mehr Vermögen besitzen als 4,6 Milliarden Menschen weltweit.[137]

Ein Lichtblick dabei ist, dass immer mehr dieser 2153 Personen öffentlich erklären, ihr Vermögen für das Allgemeinwohl einsetzen zu wollen. Genau das ist auch die Idee hinter »The Giving Pledge« (»Das Spendenversprechen«), der von Bill Gates, Melinda French Gates und Warren Buffett ins Leben gerufenen Bewegung, die Hunderte Milliardäre zu der Verpflichtung veranlasst hat, mindestens die Hälfte ihres Vermögens zu spenden.

Die meisten dieser Leute haben ihre Milliarden in der Wirtschaft verdient – viele sind also mit Risikokapital vertraut und denken unternehmerisch. Mit zunehmender philanthropischer Gesinnung könnten Gruppen wie diese Milliardärskaste also immer mehr wie Risikokapitalgeber fungieren – sie könnten potenziell zukunftsweisende Ideen ausfindig machen und die nötigen Mittel zur Verfügung stellen, mit denen das Konzept erprobt und ausgeweitet werden kann.

Es gibt bereits erste Anzeichen für eine solche Entwicklung. Andy Peykoff etwa, der Gründer von Niagara Bottling, hat in großem Stil Millionen in WaterCredit und WaterEquity investiert. Schon bevor sich die Idee dahinter bewährt hatte, erkannte er ihr Potenzial und ging bewusst das Risiko ein, auf uns zu setzen. Das tut er bis heute: Erst kürzlich hat er uns weitere fünf Millionen Dollar zugesagt, damit wir das Team zusammenstellen können, das den nächsten WaterEquity-Fonds aufbauen wird.

Wahrscheinlich, vielleicht, wird es weitere ähnlich große Investitionen geben. 2018 wurde Gary eingeladen, bei der Jahresversammlung von »The Giving Pledge«, auf der Spenderinnen und Spender jährlich über die drängendsten globalen Probleme informiert werden, einen Vortrag zu halten. Um den Mitgliedern die Entscheidung zu erleichtern, worin sie investieren möchten und wie sie mit ihrem Geld die größte Wirkung erzielen können, werden jährlich besonders vielversprechende Investitionsbereiche beleuchtet. Wasser war bisher noch nie dabei – bis zu Garys Auftritt im Jahr 2018.

Gary nahm großes Interesse an unserem Modell wahr, es gab Rückfragen nach seinem Vortrag und Diskussionen, von denen einige bis heute andauern. Dennoch haben die Gespräche bislang nur zu einem einzigen Spendenbeitrag geführt. Darin spiegelt sich das größere Problem wider, dass gigantische (eigentlich eher galaktische) Geldsummen ungenutzt bleiben, selbst wenn das Geld bereits zugesagt wurde. Derzeit liegen von dem gesamten Vermögen, das in Stiftungen eingebracht wurde, ungeheuerliche 95 Prozent auf geschützten Konten eingefroren, die den Spendern zwar enorme Steuervorteile bieten, aber keinem sozialen Zweck dienen.

Ich verstehe ja, wie schwierig es ist und wie komplex, auch auf emotionaler Ebene: herauszufinden, wo man selbst und sein Geld die größte Wirkung erzielen kann, zu entscheiden, welche Themen Aufmerksamkeit bekommen sollen und welche nicht. Ohne Bonos Anstoß hätte ich sicher viel länger gebraucht, um meine eigene Haltung dazu zu finden.

Gary und ich sind dennoch zuversichtlich, dass sich die Milliardäre künftig entschlossener zeigen und schneller handeln werden, so wie kürzlich MacKenzie Scott und Jack Dorsey – in dem Bewusstsein, dass jeder Tag des Zögerns für viele Millionen Menschen ein weiterer durch Krankheit und Entbehrung verlorener Tag ist.

Aber nicht nur diese neuen mächtigen Geldgeber haben die Chance, die Welt durch einen »unternehmerischen Ansatz« besser zu machen. Das können wir alle. Auch mit einer kleinen Summe können Sie dazu beitragen, dass potenziell zukunftsweisende Ideen die Chance bekommen, sich zu bewähren. Für Social Entrepreneurs sind Spenden jeder Größenordnung ein Vertrauensbeweis – eine Bestätigung ihrer Innovationskraft und ihres Potenzials, Veränderungen zu bewirken und Ergebnisse zu erzielen.

Es gab Zeiten in den vergangenen Jahren, in denen wir das Gefühl hatten, von den jeweils aktuellen Herausforderungen erdrückt zu werden. Aber wenn wir unseren Horizont etwas erweitern und den Blick über die Hürden des Alltags und die deprimierenden Schlagzeilen hinaus weiten, dann erkennen wir klar, dass die Dynamik weiterhin zunimmt.

Als wir 2018 mit der Arbeit an diesem Buch begannen, schrieb ich: »Water.org hat 22 Millionen Menschen erreicht.« Als wir an den letzten Seiten saßen, waren es schon 25 Millionen, dann 30, und kurz vor Drucklegung haben wir die Zahl ein letztes Mal nach oben korrigiert – auf 40 Millionen. Und wenn Sie dieses Buch jetzt in den Händen halten, wird auch diese Zahl überholt sein. Aus der Perspektive unserer Anfangszeiten betrachtet, als ich meine ersten Projekte in der Sahara durchführte und es schon ein Riesenerfolg war, auch nur eine einzige Community mit sauberem Wasser zu versorgen – aus dieser Perspektive ist die Zahl der Menschen, die wir inzwischen erreicht haben, atemberaubend. Aus einer anderen Perspektive betrachtet – nicht wie weit wir gekommen sind, sondern wie weit wir noch gehen müssen –, sehen die Zahlen nicht ganz so unglaublich aus. Von jener Warte aus fühlen sie sich eher wie ein Anfang an. Denn immer noch haben 785 Millionen Menschen auf der Welt keinen Zugang zu sauberem Wasser und zwei Milliarden verfügen über keine angemessenen sanitären Einrichtungen.

Entscheidend ist für uns deshalb nicht die Zahl der erreichten Menschen. Es ist der Systemwandel, der stattfinden musste – und auch stattgefunden hat –, damit dieser Fortschritt überhaupt möglich war. Denn dass wir immer mehr Menschen erreichen konnten, war nur möglich, weil sich führende Politiker der Welt verpflichtet haben, die Wasserkrise zu beenden. Weil Menschen überall auf der Welt ihr Geld dorthin geben, wo sie ihre Werte wiederfinden. Weil Investoren begonnen haben, nach Renditen Ausschau zu halten, die nicht nur in Dollar gemessen werden. Und vor allem, weil Millionen von unglaublich einfallsreichen und mutigen Menschen ein Mikrodarlehen aufgenommen, es vollständig zurückgezahlt und ihre Zukunft selbst in die Hand genommen haben.

Wir wussten von Anfang an, dass wir zur Lösung dieser Krise eine globale Bewegung brauchen würden. Und wenn ich mir den Spannungsbogen dieser Geschichte ansehe und die unglaubliche Entwicklung der letzten drei Jahrzehnte, dann sehe ich, dass es tatsächlich möglich ist, die Wasserkrise zu beenden. Vielleicht sind wir ja sogar schon auf dem besten Weg dorthin.

9

DIE WELLE

Gary White

Metaphern mit dem Begriff Wasser haben wir in diesem Buch wirklich zu vermeiden versucht.

Ich will ehrlich sein: Es war nicht leicht bei der Fülle, die sich angeboten hätte. *Ins kalte Wasser springen. Sich wie ein Fisch im Wasser fühlen.* Und es gibt noch unendlich viel mehr. Eine Flut von Branchenklischees, wenn man so will.

Aber wir nähern uns dem Ende, und bevor wir zum Schluss kommen, erlaube ich mir, eine, aber wirklich nur eine einzige solche Metapher:

Um die Krise zu beenden, brauchen wir eine Welle.

Das Interessante an Wellen ist, woher sie ihre Kraft nehmen.

Steht man am Strand und sieht zu, wie sie sich aufbauen, fortbewegen und brechen, würde man nie vermuten, dass ihre Energie, ihre Wucht von einzelnen Wassermolekülen herrührt, die sich über viele Kilometer im Meer verteilen, auf unsichtbare Weise zusammenarbeiten und sich erheben, wenn der richtige Zeitpunkt gekommen ist.

Während der Wasser-Dekade haben sich Menschen mit viel Macht – Regierungschefs, Entwicklungshilfeexperten und multilaterale Organisationen – unter Aufwendung all ihrer Kräfte für Veränderungen von oben eingesetzt. Aber es reichte nicht aus, um die Ressourcen, die Energie und die Kompetenz der Menschen, denen sie mit ihren Programmen helfen wollten, zu aktivieren. Trotz all dieser Bemühungen entstand keine Welle.

Was wir momentan erleben, hat eine völlig andere Dynamik. Wir sehen, was passieren kann – was für unglaubliche Geschichten sich entwickeln können –, wenn man nur die Fähigkeiten, den Verstand und die Finanzkraft vieler Millionen Menschen zum Einsatz bringt, und zwar sowohl vom unteren Ende der ökonomischen Pyramide nach oben als auch umgekehrt von oben nach unten. Menschen, die in Armut leben, erkennen die Möglichkeiten für Veränderung sehr deutlich – der Wandel ist an so vielen Orten wirklich greifbar –, und sie sind bereit, ein Teil davon zu werden.

Die Welle hat sie erreicht, und es ist Zeit für sie, sich mit ihr zu erheben.

Für 40 Millionen Menschen, die inzwischen dank WaterCredit Zugang zu Wasser haben, ist dieser Wandel bereits Realität geworden. Aber es gibt immer noch Milliarden von Menschen, die es zu erreichen gilt.

Wie also kann das gelingen?

Uns hilft es, diese Milliarden Menschen grob in drei Gruppen zu unterteilen, wobei jede Gruppe schwieriger zu erreichen ist als die zuvor genannte.

Über die erste Gruppe wissen wir sehr viel. Sie bildet den Schwerpunkt dieses Buches. Es sind Menschen, die bereit und in der Lage sind, ihre Wasser- und Sanitärprobleme zu lösen – sofern ihnen ein kleiner Anfangskredit zur Verfügung gestellt wird. Wie ausgeführt, hat es einige Zeit gedauert, bis wir mit ihnen zusammen beweisen konnten, dass diese Gruppe Teil ihrer eigenen Lösung sein kann. Das ist in den letzten zehn Jahren geschehen. Wir gehen davon aus, dass diese Gruppe etwa 500 Millionen Menschen umfasst. Wenn wir über genügend Ressourcen verfügen, werden wir sie sehr schnell erreichen können.

Auch an dieser Front gibt es also noch viel zu tun. Eine halbe Milliarde Menschen sind eine Menge Leute! Aber jetzt, da sich unser Ansatz als erfolgreich gezeigt und eine solche Dynamik entwickelt hat, haben wir die Chance, größer zu denken. Daher konzentrieren wir uns nun auch auf die nächste Gruppe, der es an Zugang zu Wasser und sanitären Einrichtungen fehlt: Menschen, für die Mikrokredite allein nicht ausreichen werden.

Dort, wo die Menschen dieser Gruppe leben, fehlt etwas Wesentliches: Infrastruktur. In vielen Stadtteilen, vor allem in den Außenbezirken, gibt es keine unterirdischen Wasserleitungen; es gibt keine Kanalisation; es gibt nichts, das man anzapfen könnte.

Diese Gruppe befindet sich gegenwärtig außerhalb der Reichweite der Wasserversorger.

Aber warum weiten die Versorgungsunternehmen ihre Tätigkeit nicht einfach auf diese Gebiete aus? Der Bedarf ist vorhanden. Die Bevölkerung ist vorhanden. Und mit den Vorteilen der Mikrokredite sind auch zahlende Kunden vorhanden.

Die meisten Versorgungsunternehmen sehen arme Menschen allerdings noch nicht als Kundschaft. Diese neue Denkweise hat sich wie beschrieben noch längst nicht überall durchgesetzt. Viele Versorgungsunternehmen fürchten im Gegenteil, mit jedem zusätzlichen Kunden mehr Geld zu verlieren.

Die Versorgungsunternehmen haben ohnehin schon genug Probleme, ihre Dienstleistungen zu erbringen und die Kosten zu decken. Viele werden von der Regierung gezwungen, die Preise zu senken, damit die potenzielle Wählerschaft das Wasser quasi umsonst bekommt. Das klingt erst mal nicht schlecht, aber wenn die Preise zu niedrig sind, verdienen die Versorgungsunternehmen nicht genug Geld, um die Versorgung sicherzustellen, das Wasser sauber zu halten oder defekte Leitungen zu reparieren. Und durch solche ineffizienten Systeme wird viel Energie und Wasser verschwendet, wie Matt schon beschrieben hat, und es werden Treibhausgase ausgestoßen. Dazu kommt, dass Hunderte Millionen Menschen auf Wasser und sanitäre Einrichtungen verzichten müssen.

Das ist also die nächste Hürde – der nächste Berg, den es zu erklimmen gilt. Und er wird immer steiler. Seit dem Jahr 2000 sind durchschnittlich 16 500 Menschen auf der Suche nach Arbeit aus ländlichen Gebieten in städtische Slums gezogen – pro Tag! Das sind sechs Millionen Menschen pro Jahr.[138] Und natürlich benötigen sie Wasser. Sie brauchen sanitäre Einrichtungen. Sie brauchen eine funktionierende Versorgung und Wassersysteme, die bis dorthin reichen, wo die Bevölkerung lebt und wächst.

Glücklicherweise gibt es bei den Vereinten Nationen, der Weltbank und anderen Organisationen viele kluge Köpfe, die sich der Sache annehmen. Sie arbeiten mit den Versorgungsunternehmen zusammen, um ihnen bei der Steigerung ihrer Effizienz und einer günstigeren Finanzierung zu helfen. In einigen Ländern verbessert sich die Situation bereits, wie wir auf den Philippinen gesehen haben. Und auch Länder wie Kambodscha, Peru und andere finden Wege, wie sie ihre Wasser- und Abwassersysteme ausbauen können.

Auch Water.org beteiligt sich an dieser Form der Unterstützung. Wir arbeiten zum Beispiel mit Versorgungsunternehmen in Indonesien zusammen und versichern ihnen, dass sie, wenn sie ihr Angebot auf ein bestimmtes Gebiet erweitern, auf zahlende Kunden mit dem Wunsch nach einem Wasseranschluss zählen können. Wir sind davon so sehr überzeugt, dass wir den Versorgungsunternehmen Kreditbürgschaften gewähren, damit sie Kapital bekommen, um die Infrastruktur dort auszubauen, wo sie am dringendsten benötigt wird. Das funktioniert gut.

Sobald Water.org die Versorgungsunternehmen darin unterstützt hat, ihren Betrieb zu verbessern und neue zahlende Kunden zu gewinnen, kommt WaterEquity ins Spiel und finanziert dringend benötigte Verbesserungen der Infrastruktur – neue Leitungen, Kläranlagen und so weiter. Die Finanzierung dieser Maßnahmen ermöglicht Millionen von Menschen den Zugang zu Wasser und zu sanitären Einrichtungen, trägt dazu bei, erhebliche Mengen an Methan und CO_2 aus der Atmosphäre fernzuhalten, und zeigt der Welt, dass es ziemlich klug sein kann, in Unternehmen im Bereich Wasser und Sanitär zu investieren. Die Idee dahinter ist, dass WaterEquity eine Vorreiterrolle im Bereich Investition in solche Wasserversorgungsunternehmen einnimmt: WaterEquity soll das Terrain sondieren und den globalen Kapitalmärkten beweisen, dass es sich lohnt, in Versorgungsunternehmen mit einem festen Kundenstamm zu investieren. Wenn uns das gelingt, werden andere Investoren unserem Beispiel folgen.

Unser Ziel ist es, dafür zu sorgen, dass weltweit jeder, der in Wasserver- und Abwasserentsorgung investieren möchte, auch die Möglichkeit dazu bekommt – und zwar zu einem fairen Preis.

Dann bleibt nur noch eine Gruppe, die wir erreichen müssen: Menschen, die schlichtweg nicht für die Wasser- und Sanitärversorgung zahlen können, die sie brauchen. In einigen ländlichen Gegenden ist die Armut einfach so groß, dass Kredite keine echte Option sind. Erschwerend kommt hinzu, dass die Wasserversorgungsunternehmen ihren Versorgungsbereich nur langsam ausdehnen und diese abgelegenen Gebiete nicht so bald erreichen werden. Solche »Haushalte« mit Wasser zu versorgen, ist ein sehr teures Unterfangen. Extreme Kosten, extreme Armut – eine fatale Kombination. Um dieser Gruppe Zugang zu verschaffen, müssen kommunale Brunnen und Wassersysteme stark subventioniert werden. Die Regierungen dieser einkommensschwachen Länder werden die Hauptträger solcher Projekte sein, unterstützt von wohlhabenden Nationen und NGOs, die auch die ärmsten und abgelegensten Regionen erreichen – die letzte Schwelle der globalen Wasserkrise.

Aus all diesen Gründen werden fremdfinanzierte Wasserprojekte als erste Lösung niemals effizient genug sein – geschweige denn als einzige Lösung. Aber wenn die Welt erst die anderen beiden Gruppen mit marktwirtschaftlichen Lösungen erreicht hat, wird das Ausmaß des Problems endlich so weit reduziert sein, dass wir die Ressourcen aufbringen können, um die verbleibenden Herausforderungen zu bewältigen. Und wir werden endlich in der Lage sein, die Krise für immer zu beenden.

Vor etwas mehr als einem Jahrzehnt, als mein Vater Jerry White dem Ende seines Lebens entgegenging, erzählte er mir eine Geschichte, die ich fast nicht glauben konnte.

Wir fuhren durch Kansas City. Wie viele Männer seiner Generation hatte mein Vater nie viel von sich erzählt, und als wir nun fürchteten, ihn bald zu verlieren, mieteten wir einen großen Van für die ganze Familie und fuhren alle zusammen durch die Gegend, in der er aufgewachsen war, und baten ihn, uns seine Geschichte zu erzählen – uns alles zu erzählen, was wir nicht über sein Leben wussten.

Als wir durch sein altes Viertel kamen, zeigte er auf ein Haus, in dem seine Familie einst zur Miete gewohnt hatte. Er erzählte uns, dass sie damals ein Plumpsklo im Hinterhof gehabt hätten. Und nicht nur das: Als die Stadt die Kanalisation endlich bis in diese Straße ausgebaut hatte – und damit endlich die Möglichkeit bestand, das Haus an die Abwasserentsorgung anzuschließen –, wurde die Miete so stark erhöht, dass sie sich diese nicht mehr leisten konnten. Die Wohnung wurde sogar zwangsgeräumt.

Ich konnte es nicht fassen. Jahrelang hatte ich mich dafür eingesetzt, Menschen am anderen Ende der Welt zu sanitären Einrichtungen zu verhelfen – ohne zu wissen, dass mein Vater als Kind nicht mal eine Toilette im Haus gehabt hatte.

Bei unserer Arbeit können sich Fortschritte sehr langsam anfühlen. Aber wenn ich Geschichten wie die meines Vaters höre, fühlt sich die Entwicklung auch schnell an. Nicht selten können Wasser und sanitäre Einrichtungen im Laufe von nur einer Generation von etwas Unerreichbarem zu etwas völlig Selbstverständlichem werden.

Solche Geschichten kann man an vielen Orten entdecken,

wenn man sich die Zeit nimmt, genauer hinzuschauen. Noch zu Beginn des 20. Jahrhunderts lebte ein großer Teil der Bevölkerung in Manhattan ohne sauberes Wasser. In einigen Vierteln waren zwar Wasser- und Abwassersysteme gebaut worden, nur hatten viele Menschen keinen Zugang dazu. In der Lower East Side hatten die Menschen zum Beispiel siebzig Jahre lang ohne eigenen Wasserhahn oder Toilette im Haus über funktionierenden Wasserleitungen gelebt.[139]

Doch dann wurde 1901 ein Gesetz erlassen, das der Mehrheit der armen New Yorker Bevölkerung Wasseranschlüsse ermöglichte. Heute ist die Vorstellung einer New Yorker Wohnung ohne Wasser natürlich völlig absurd.

Fortschritt ist möglich. Und genau jetzt haben wir die Chance, diesen Fortschritt noch schneller voranzutreiben – auch in vielen Ländern, die so häufig schon abgehängt wurden. Heute schreiben die Menschen dort ihre eigenen Erfolgsgeschichten, investieren in ihre eigenen Lösungen und nehmen ihr Schicksal und ihre Zukunft selbst in die Hand. Wenn wir die Dinge weiter vorantreiben, wird eine Welt, in der die einen über Wasser und sanitäre Anlagen verfügen und die anderen nicht, bald nur noch in der Erinnerung existieren.

Matt Damon

Aber damit all dies geschehen kann, brauchen wir Sie. Die Person, die dieses Buch liest. Vielleicht ist es seltsam, Sie jetzt plötzlich so direkt anzusprechen – wie wenn man in einem Musical sitzt, und beim allerletzten Song wird dann plötzlich das Publikum einbezogen.

Fakt ist, dass diese Bewegung nicht nur von den Menschen angetrieben werden kann, die selbst von der Krise betroffen sind. Es funktioniert nur, wenn auch die Nicht-Betroffenen mitmachen – die zwei von drei Menschen weltweit, die bereits Zugang zu sanitären Einrichtungen haben, die acht von neun Menschen, die bereits über einen Zugang zu sauberem Wasser verfügen. Keine Welle lässt sich aufrechterhalten, wenn der Großteil des Ozeans stillsteht.

Ehrlich gesagt war der Weg zum »Wie« ziemlich schwierig. Aus reiner Neugier habe ich einmal auf YouTube das Video einer Podiumsdiskussion gesucht, die Gary und ich über Wasser geführt haben. Das Video hatte hundert Aufrufe. Mein Verständnis von sozialen Medien ist sehr begrenzt – was Ihnen meine Kinder bestätigen können –, aber selbst mir erschienen hundert Aufrufe ... sagen wir, wenig. Als Nächstes habe ich das Video eines Songs gesucht – *Fucking Matt Damon* –, den Sarah Silverman und ich gemacht haben, um meinen »Erzfeind« Jimmy Kimmel auf den Arm zu nehmen, als sie noch mit ihm zusammen war. Zwanzig Millionen Aufrufe. Okay, der Vergleich ist unfair. Keine Podiumsdiskussion über Wasser wird je viral gehen.

Aber genau das war der Punkt. Wenn wir das Dauerrauschen übertönen wollten, wenn wir wollten, dass die Leute wirklich hören, was wir zu sagen hatten, mussten wir kreativer werden.

Im Laufe der Jahre haben wir so einiges ausprobiert. Wie Gary schon erwähnte, ist Stella Artois eine tolle Partnerin; ihre Marketing- und Branding-Experten haben es geschafft, uns zusammen mit unserem Team aus der seriösen Non-Profit-Komfortzone herauszuholen. Wir haben uns zum Beispiel ein Experiment ausgedacht, bei dem wir Restaurant- und Hotelgäste darüber informierten, dass es leider gerade kein fließendes Wasser gäbe und sie ein paar Stunden auf ein Glas Wasser (oder eine Dusche) warten müssten. Über versteckte Kameras haben wir dann beobachtet, wie sie reagierten (nicht so begeistert). In dem Moment, als ihnen bewusst wurde, welche Unannehmlichkeiten fehlendes Wasser tatsächlich mit sich bringt, spielten wir ein Video ab, das ihnen zeigte, dass es für Millionen von Menschen zum Alltag gehört, auf Wasser zu warten – und nicht nur darauf zu warten, sondern es über große Entfernungen in schweren Eimern erst einmal herbeizuschleppen. Wir wollten ihnen nicht zeigen, was für Arschlöcher sie mit ihrem Privileg sind. Wir wollten ihnen nur vor Augen führen, was Menschen überall auf der Welt durchmachen müssen. Wir dachten, wenn Menschen ganz real mit der Aussicht konfrontiert würden, ohne Wasser auskommen zu müssen, würde sie das besser in die Lage versetzen, sich diese Erfahrung auch bei anderen vorzustellen. Tatsächlich waren viele sehr bewegt. Wir haben bei diesem Projekt viele Tränen gesehen.

Wir wollten die Leute aber auch zum Lachen bringen. In den Anfangstagen von Water.org war ich unsicher, ob die Leute sich nicht vor allem auf mein Gesicht konzentrieren würden, nur weil sie meinen Namen kannten, da der eigentliche Antrieb doch in Wirklichkeit von Gary und seinen Ideen kam. Also dachte ich mir, das Mindeste, was ich tun kann, ist, mich für die Sache zum Idioten zu machen. Und das habe ich dann auch getan – ziemlich oft und ziemlich überzeugend, wie man mir versicherte. So wie das eine Mal, als Ellen DeGeneres meinte, sie würde an Water.org spenden, wenn ich im Sumo-Anzug in einem Golfcart einen Hindernisparcours absolviere. Nichts leichter als das. Oder als ich mich im Weihnachtsmannkostüm, mit Bart und Bauch und allem Drum und Dran, selbst dabei filmte, wie ich Kinder davon zu überzeugen versuchte, sich zu Weihnachten doch kein neues Spielzeug zu wünschen, sondern eine CamelBak-Wasserflasche der Marke Water.org. Hat mir kein Kind abgekauft.

Ich habe auch ziemlich viel Zeit damit verbracht – öffentlich –, über Toiletten zu sprechen. Wahrscheinlich mehr, als es meinem Agenten gefallen dürfte. Einmal inszenierte das Team von Water.org eine gefakte Pressekonferenz, auf der ich ankündigte, dass ich in den Streik treten und so lange nicht mehr aufs Klo gehen würde, bis die Wasser- und Abwasserkrise gelöst sei. Leider muss ich zu Protokoll geben, dass ich meinen eigenen Streik gebrochen habe. Aber erst nachdem wir ein paar bekannte Personen dazu gebracht hatten, ebenfalls einen solchen Streik anzukündigen: Jessica Biel, Jason Bateman, Olivia Wilde, Richard Branson, Bono. Sie können sich das Potenzial der »Scheißegal-Witze« sicher vorstellen. Ein YouTuber, der den Streik unterstützte, meinte damals: »Das Thema ist wirklich extrem wichtig. Deshalb bin ich froh, dass es auch auf die beschissenste Art und Weise angegangen wird.«

In der *Harvard Business Review* liest man das vermutlich nicht, aber manchmal ist die beschissenste Art tatsächlich die beste. Uns brachten diese Aktionen jedenfalls definitiv mehr Aufmerksamkeit und mehr Spenden ein. Das Video mit der Ankündigung des Toilettenstreiks wurde fast eineinhalb Millionen Mal aufgerufen – nicht ganz so viel wie das von Sarah Silverman, aber doch deutlich mehr als die lausigen hundert Aufrufe der Podiumsdiskussion.

Ein Abwasserexperte, der sich seit Jahren mit dem Thema befasst, hat in all seine Präsentationen ein Photoshop-bearbeitetes Bild von Angelina Jolie eingebaut, auf dem sie sich vor einer Toilette rekelt – so wollte er dem Thema Sanitäranlagen den Sexappeal verpassen, den es verdient. Nach der Aktion mit dem Toilettenstreik tauschte er das gefakte Bild von Angelina dann gegen ein echtes von mir mit einer Klobrille um den Hals aus[140] – für mich ein klares Zeichen dafür, dass wir irgendetwas richtig machten. Zumindest kann ich jetzt behaupten, dass ich – und nicht Angelina Jolie – das Gesicht der globalen Klo-Kakofonie bin.

All diese Bemühungen, der Bewegung Schwung zu verleihen, haben jedoch denselben Haken: Sie verschaffen uns maximal ein paar Minuten Aufmerksamkeit. Das genügt, um die Existenz dieser Krise zu erklären – aber es genügt nicht, um auch zu sagen, dass wir sie beenden können, geschweige denn zu erläutern, auf welche Art und Weise das geschehen soll. Also haben wir uns etwas anderes ausgedacht, damit wir unsere Geschichte erzählen können. Sie halten es gerade in der Hand.

Gary und ich haben ein Buch geschrieben, weil wir für diese Geschichte mehr als nur ein paar Minuten brauchen. Wir wollten, dass Sie genau wie wir auch ein paar der Menschen kennenlernen, die mit ihren Lebensumständen erst gerungen und sie dann triumphal überwunden haben. Wir wollten, dass Sie miterleben, wie sich die Welle aufbaut – und wie Sie selbst ein Teil davon sein können.

Wie also können Sie nun ein Teil davon werden?

Es ging in diesem Buch viel um Geld, denn die Wasser- und Sanitärkrise ist im Wesentlichen ein Finanzierungsproblem, kein technisches Problem. Die direkteste Lösung besteht also darin, dass viel mehr Menschen spenden, was sie eben spenden können.

Wenn es Gary und mir gelungen ist, Sie davon zu überzeugen – was ich sehr hoffe –, dass unser Plan die klügste Lösung zur Beendigung der Wasserkrise ist, und wenn Sie ein bisschen Geld übrig haben, dann hoffe ich sehr auf Ihre Spende. Mit Spenden kann Water.org viele Millionen Menschen erreichen und einen stetig wachsenden Markt für Wasser und sanitäre Einrichtungen aufbauen.

Es gibt aber neben dem finanziellen Aspekt noch eine weitere Möglichkeit, einen Beitrag zu leisten: Erzählen Sie die Geschichte der Wasserkrise, und berichten Sie von unserer Chance, sie zu überwinden. Sprechen Sie darüber, schreiben Sie darüber, posten Sie darüber. Manche Leute tun es als Sofaaktivismus ab, wenn Leute im Internet über ein Thema schreiben. Aber diese Geschichte in die Welt zu tragen, ein Bewusstsein dafür zu schaffen und dadurch auch Entscheidungen zu beeinflussen – das ist wirklich wichtig. Wenn die Leute sehen, dass ein paar andere aufstehen, werden sie das vielleicht ebenfalls tun.

Tatsache ist, dass sich Menschen nicht einfach aufgrund physikalischer Gesetze erheben, sosehr wir die Wellenmetapher auch bemüht haben. Wir müssen schon selbst die Entscheidung dazu treffen. Und genau diese Entscheidung – und wenn es nur um eine singuläre Aktion geht – kann einen Unterschied machen. Und gleichzeitig wissen wir, dass die Aktionen Einzelner die Wasserkrise eben nicht lösen können. Glauben Sie mir – Gary hat es versucht!

Aber wenn wir über unseren Beitrag sprechen, ziehen wir

andere mit, und die ziehen wieder andere mit und so weiter – bis wir irgendwann eine Bewegung geschaffen haben, die viel größer und mächtiger ist, als es uns je möglich schien. Denn erst wenn wir unsere Kraft und Energie für etwas einsetzen, das größer ist als wir selbst – wenn wir sehen, wie die Flut allmählich ansteigt und wir uns ihr anschließen –, erkennen wir unsere eigentliche Macht.

Eine Welt, in der jeder Mensch über sauberes Wasser und sanitäre Einrichtungen verfügt, ist eine völlig andere als unsere heutige Welt – so anders, dass wir sie uns kaum vorstellen können.

Zahlen und Erfahrungen – nicht theoretische, sondern praktische – zeigen jedoch klar, was wir in einer solchen Welt erwarten könnten. Wir wissen, dass mehr Frauen durch den Zugang zu sauberem Wasser die Chance haben, ein eigenes Einkommen zu erzielen und ihren Lebensunterhalt allein durch die Kraft der eigenen Arbeit zu bestreiten. Wir wissen, dass viele dieser dadurch autonomeren Frauen insgesamt weniger und auch erst zu einem späteren Zeitpunkt Kinder bekommen, sodass sie sich besser um ihre Familien kümmern können. Und natürlich können sich Familien mit mehreren Einkommen leichter aus der Armut befreien.

Wenn weniger Krankheiten durch Wasser übertragen werden, werden auch weniger Eltern mit der entsetzlichen Tragödie konfrontiert, ein Kind zu verlieren. Es werden weniger Kinder unter körperlichen Beeinträchtigungen und lebenslangen Gesundheitsproblemen leiden; Kinder werden generell größer werden und sich körperlich und geistig voll entfalten können.

Sehr wahrscheinlich werden wir auch größere Abschlussklassen sehen, da weniger Mädchen die Schule abbrechen müssen, um Wasser für ihre Familien zu beschaffen, und weniger Kinder wegen wasserbedingter Krankheiten in der Schule fehlen. Und wenn sie größer sind, werden wir sehen, was sie dank guter Gesundheit und Bildung für ihre Familien, ihre Communities und den Rest der Welt tun können.

So weit zu den wirklich großen Veränderungen.

Daneben wird es aber auch zu kleineren Auswirkungen kommen, die sich zwar schwer beziffern lassen, aber die dennoch nicht weniger wichtig sind. Wie zum Beispiel die Sicherheit und simple Annehmlichkeit, etwas Privatsphäre zur Verfügung zu haben, wenn man auf die Toilette muss. Oder der Genuss eines Glases kalten Wassers nach der Arbeit draußen in der Sonne. Oder die Gewissheit, dass die Substanz, die man am dringendsten überhaupt braucht, einen nicht dauerhaft bettlägerig oder blind machen oder gleich ganz umbringen wird. Oder das Gefühl, selbst wählen zu können, wie man seine Tage verbringt und welche Ziele man verfolgt.

Es gibt Milliarden von Möglichkeiten, wie sich das Leben von Milliarden Menschen verändern kann. Natürlich findet sich dazu keine einschlägige erhellende Statistik – aber dafür gibt es zahllose Einzelschicksale. Ich jedenfalls kenne eine Menge davon.

Ich denke dabei beispielsweise an eine Familie, die wir in Hyderabad in Indien getroffen haben. Sie hatten gerade einen Wasserhahn installiert bekommen und behandelten ihn wie einen Schrein. Das meine ich ganz wörtlich: Sie zündeten Kerzen und Weihrauch an und drapierten Blumen um ihn herum – so bedeutsam war dieser Wasserhahn für sie.

Dann fällt mir eine Frau ein, die eine Kollegin von uns in

einem Dorf außerhalb von Bangalore traf. Sie war ob ihres fortgeschrittenen Alters schon ganz runzlig, hielt sich aber sehr aufrecht und wirkte auf gewisse Art vornehm. Sie erzählte, dass sie und andere Frauen in ihrer Community vor Jahren tagelang nichts gegessen oder getrunken hatten, um der Beschämung und der Gefahr zu entgehen, sich auf offenem Feld erleichtern zu müssen. Unsere Kollegin berichtete, dass man ihr anhörte, wie stolz sie war, einen Kredit für den Bau einer Toilette bekommen zu haben, und endlich von der Angst befreit zu sein, die ihr ganzes Leben beherrscht hatte.

Und ich denke an ein Mädchen, das ich bei einem unserer Projekte in Haiti kennengelernt habe. Wie so viele andere Mädchen war auch sie diejenige in der Familie, die das Wasser aus dem weit entfernten Brunnen holte. Ich fragte sie, wie alt sie sei. Dreizehn, sagte sie – genauso alt wie meine älteste Tochter damals.

Ich fragte sie, was sie mit ihrer Zeit anfangen würde, jetzt, da sie ihre Nachmittage nicht mehr mit dem langen Gang zum Brunnen verbringen musste. »Mehr Zeit für Hausaufgaben?«

Sie sah mich mit diesem überraschten Blick an, den Kinder manchmal haben, wenn sie kaum glauben können, dass ein Erwachsener so weltfremd sein kann. »Nein«, meinte sie. »Ich bin sowieso schon die Beste in meiner Klasse.« Und das entsprach ganz offensichtlich der Wahrheit.

Und dann erzählte sie mir, was sie mit der Zeit anfangen wollte, die ihr ein Wasserhahn zurückgegeben hatte: »Ich werde spielen!«

Mir fiel dieser alte Spruch ein, dass Wasser Leben sei. Man kann diesen Satz so interpretieren, dass wir Wasser zum Überleben brauchen, was natürlich auch stimmt. Aber für sehr viele Menschen ist eine Quelle sauberen Wassers so viel mehr als eine Überlebensgarantie. Sie verschafft ihnen Freiheit. Sie bringt ihnen Freude.

Sie gibt ihnen die Chance, endlich einfach zu leben.

DANK

Gary White

Ein Buch zu schreiben ist harte Arbeit. Ein Buch während einer globalen Pandemie zu schreiben, ganz zu schweigen von den sozialen Herausforderungen und dem wirtschaftlichen Umbruch der jüngsten Zeit – das war ehrlich gesagt schwieriger, als ich gedacht hatte. Ohne die Liebe und Unterstützung meiner Frau Becky, die bei meiner beruflichen Entwicklung seit den Anfängen an meiner Seite ist, hätte ich es nicht geschafft. Auch meinen wunderbaren Kindern Henry und Anna möchte ich für ihre Unterstützung und ihr Verständnis dafür danken, dass ich so viel um die Welt reise, um die Mission von Water.org und WaterEquity voranzutreiben.

Meine Eltern, Kathy und Jerry White, und insbesondere meine Mutter, haben mir gezeigt, was es bedeutet, ein Leben im Dienst der Nächstenliebe zu führen. Sie vermittelte mir ein Gefühl von Sinnhaftigkeit und Leidenschaft, das mich bis zum heutigen Tag antreibt. Alle meine Geschwister, Schwager und Schwägerinnen sowie Beckys Eltern haben sich seit 1990 von Anfang an für meine Arbeit starkgemacht.

Im Namen von Matt und mir möchte ich außerdem folgenden Personen unseren größten Dank aussprechen:

Jeff Shesol und Ellie Schaack von West Wing Writers, die uns während des gesamten Schreibprozesses unverzichtbar mit Rat und Tat zur Seite gestanden und uns fachkundig beim Verfassen der Texte unterstützt haben.

Unser Dank gilt auch denen, die das Manuskript vorab gelesen haben, um zu überprüfen, ob unsere Worte auch mit unseren Werten übereinstimmen: Magdalene Matthews, Autorin und Senior Program Officer bei der Conrad N. Hilton Foundation's Safe Water Initiative, Jael Silliman, Autorin, Wissenschaftlerin und Frauenrechtsaktivistin, und Kissy Agyeman-Togobo, Partnerin und Mitbegründerin von Songhai Advisory.

Dankbar sind wir auch unseren großartigen Agenten Rafe Sagalyn und Jennifer Joel von ICM und Mel Berger von WME, unseren Lektorinnen Niki Papadopoulos, Trish Daly und Megan McCormack von Penguin Random House und unserem Anwalt Neal Tabachnick dafür, dass sie alles getan haben, damit dieses Buch in die Hände der Leserinnen und Leser gelangen konnte. Gina Zanolli und Rosemary Gudelj haben an unser Projekt geglaubt und es vorangetrieben. Sie trommelten Unterstützung zusammen, damit wir es auch realisieren konnten, zusammen mit Kokovi Lawson, Heather Arney, Jennifer Schorsch, Vedika Bhandarkar, Rich Thorsten, Katrina Green, Zehra Shabbir, Lina Bonova, Melanie Mendrys, Andy Sareyan und Paul O'Connell.

Sehr viele Menschen haben unserer Arbeit im Laufe der Jahre ihre Zeit und ihr Talent zur Verfügung gestellt. Marla Smith-Nilson arbeitete mit mir zusammen, um aus ein paar vereinzelten Fundraising-Dinners eine echte Organisation zu machen, aus der sich schließlich Water.org entwickelt hat. Schon sehr früh bekamen wir Unterstützung von ehrenamtlichen Mitarbeitenden, darunter Dave Sarr, Brad Lessler, Julie Daniels und Tracy Jackson. Jan und Susan Creidenberg sorgten für Büroräume, als Water.org nach Kansas City zog. Rania Anderson,

Jennifer Schorsch, Chevenee Reavis, Alix Lebec und ich vereinten unsere Talente (immer wieder) und erzielten dabei großartige Ergebnisse.

Keine der weitreichenden Auswirkungen, die Water.org und WaterEquity erzielt haben, wären ohne das Engagement und die harte Arbeit der derzeitigen und ehemaligen Mitarbeitenden, Vorstände, Freiwilligen, Vertrags- und Programmpartnern in Afrika, Südostasien und Lateinamerika möglich gewesen. Ich wünschte, wir könnten jeden Einzelnen beim Namen nennen, denn sie waren und sind ein unverzichtbarer Teil des Ganzen.

Danke an all die guten Menschen in der Abteilung für Trinkwasser und Sanitärfragen des Ministry of Jal Shakti, Indien. Vielen Dank an Bono und William Jefferson Clinton dafür, dass sie uns dazu angestachelt haben, immer weiter nach noch größerer Wirkung zu streben.

Dank auch an die Partnerinnen und Partner, die an der Umsetzung mitgewirkt und dazu beigetragen haben, eine unerprobte Idee in konkrete Programme zu verwandeln, die das Leben von Millionen von Menschen verändern:

BASIX
CreditAccess Grameen
Equity Bank
ASA Philippines
MiBanco Peru
BURO Bangladesh
AMK Cambodia
DHAN India
PERPAMSI Indonesien
IDF India

Vielen Dank an die strategischen Partner, die unsere Arbeit finanzieren:

PepsiCo Foundation
Caterpillar Foundation
IKEA Foundation
Inditex
Anheuser-Busch InBev
Bank of America
Conrad N. Hilton Foundation
Skoll Foundation
MasterCard Foundation
Cartier Philanthropy
Niagara Bottling
#startsmall Foundation
Reckitt
Tarbaca Indigo Foundation

Und schließlich möchten wir uns bei allen bedanken, die ihr hart verdientes Geld an Water.org spenden, ob es nun fünf oder fünf Millionen Dollar sind. Wir hoffen, dieses Buch hat Ihnen gezeigt, dass Sie in einen besseren, gleicheren und gerechteren Planeten für uns alle investieren. Und dafür sind wir Ihnen sehr dankbar.

Matt Damon

Gary hat eigentlich schon alles gesagt.

Was jetzt kommt, sage ich so oft, dass ich es mir langsam tätowieren lassen könnte – aber ich meine es wirklich aus tiefstem Herzen, ganz besonders hier.

Einer der inspirierendsten Aspekte dieser Arbeit ist es für mich mitzuerleben, wie so viele unterschiedliche Menschen mit so verschiedenen Hintergründen gemeinsam darüber nachdenken, wie man die Welt verbessern könnte, und dann ihre ganz individuellen besonderen Talente, Energien und Ressourcen einsetzen, um diese Vision Wirklichkeit werden zu lassen. Ich habe aus erster Hand miterlebt, wie eure Arbeit Leben verändert. Danke.

Auch meiner Frau Lucy und meinen Töchtern bin ich sehr dankbar für ihre Liebe und ihr Verständnis. Danke, dass ihr dieses Leben mit mir teilt. Und ich danke meinem Bruder Kyle und seiner Frau Lori für ihre kontinuierliche Unterstützung und Inspiration.

Meiner Mutter Nancy Carlsson-Paige verdanke ich unendlich viel – sie hat mich dazu gebracht, überhaupt aktiv zu werden. Ihr Vorbild hat mir gezeigt, dass ich hier bin, um mehr zu tun, als einfach nur zu existieren. Auch meinem Vater Kent Damon habe ich so viel zu verdanken – ich wünschte, er wäre hier und könnte mir sagen, was er von diesem Buch hält, und aus einer Million anderer Gründe mehr.

ANMERKUNGEN

Kapitel 1: »Die Wasserkrise« – was ist das eigentlich?

1 »Why a ›Water for Life‹ Decade?« United Nations Department of Economic and Social Affairs, 2005, https://www.un.org/waterforlifedecade/background.shtml

2 Vickey Hallett, »Millions of Women Take a Long Walk with a 40-Pound Water Can«, Goats and Soda (blog), NPR, July 7, 2016, https://www.npr.org/sections/goatsandsoda/2016/07/07/484793736/millions-of-women-take-a-long-walk-with-a-40-pound-water-can

3 Zum Schutz der Privatsphäre haben wir den Namen des Mädchens geändert.

4 Mallika Kapur, »Some Indian Men Are Marrying Multiple Wives to Help Beat Drought«, CNN, 16. Juli 2015, https://www.cnn.com/2015/07/16/asia/india-water-wives/index.html

5 Patrick J. McDonnell, »Guatemala's Civil War Devastated the Country's Indigenous Maya Communities«, *Los Angeles Times*, 3. September 2018, https://www.latimes.com/world/mexico-americas/la-fg-guatemala-war-aftermath-20180903-story.html

6 Daniel B. Wroblewski, »One Year of Sanctuary in Cambridge, Mass.«, *The Harvard Crimson*, 11. April 1986, https://www.thecrimson.com/article/1986/4/11/one-year-of-sanctuary-in-cambridge

7 Li Liu, Hope L. Johnson, Simon Cousens, Jamie Perin, Susana Scott, Joy E. Lawn, Igor Rudan, Harry Campbell, Richard Cibulskis, Mengy-ing Li, Colin Mathers, Robert E. Black, »Global, Regional, and National Causes of Child Mortality: An Updated Systematic Analysis for 2010 with Time Trends Since 2000«, *The Lancet* 379, Nr. 9832 (2012), https://doi.org/10.1016/S0140-6736(12)60560-1

8 Claire Chase und Richard Damania, »Water, Well-Being, and the Prospe-

rity of Future Generations«, World Bank Group, 2017, http://docu ments1.worldbank.org/curated/en/ 722881488541996303/pdf/ WP-P155196-v1-PUBLIC-main.pdf

9 Åsa Regnér, »We Must Leverage Women's Voice and Influence in Water Governance«, UN Women, 27. August 2018, https://www.unwomen.org/en/news/stories/2018/8/speed-ded-regner-stockholm-world-water-week

10 *The Human Development Report 2006* (New York: United Nations Development Programme, 2006), 22, http://hdr.undp.org/sites/default/files/reports/267/hdr06-complete.pdf

11 Guy Hutton, »Global Costs and Benefits of Drinking-Water Supply and Sanitation Interventions to Reach the MDG Target and Universal Coverage« (Genf: Weltgesundheitsorganisation, 2012), S. 5, https://apps.who.int/iris/bitstream/handle/10665/75140/WHO_HSE_WSH_12.01_eng.pdf?sequence=1&isAllowed=y

12 Anthony Kenny, *Ancient Philosophy: A New History of Western Philosophy, Volume I* (Oxford: Oxford University Press, 2007), S. 4.

13 David Foster Wallace, »2005 Kenyon Commencement Address« (Abschlussrede vor den Absolventen des Kenyon College, Gambier, Ohio, May 21, 2005), https://web.ics.purdue.edu/~drkelly/DFWKenyonAddress2005.pdf (deutsche Ausgabe: »Das hier ist Wasser«, Anstiftung zum Denken, Kiepenheuer und Witsch, 2012, in der Übersetzung von Ulrich Blumenbach)

14 Pauline Arrillaga, »Mercy or Murder? Doubts About a Death in Desert«, *Los Angeles Times,* 3. Oktober 1999, https://www.latimes.com/archives/la-xpm-1999-oct-03-mn-18196-story.html

15 »Water«, *Lapham's Quarterly* XI, Nr. 3 (2018): S. 14.

16 »3 Endure 4,000-Mile Run Across Sahara«, CBS News, 20. Februar 2007, https://www.cbsnews.com/news/3-endure-4000-mile-run-across-sahara/

17 *Running the Sahara.* Regisseur: James Moll (New York: Gaia, 2007).

18 »Out of the Mouths of Babes: ›Aman Iman‹ – Water Is Life«, *Running the Sahara*, 12. Dezember 2006, http://www.runningthesahara.com/news.html#blog061212

19 »Out of the Mouths of Babes«, *Running the Sahara.*

20 »Water Resources Sector Strategy«, Weltbank, letzte Änderung 2009, http://web.worldbank.org/archive/website01062/WEB/0__CO-47.HTM?contentMDK=20729817&contTypePK=217265&folderPK=34004326&sitePK=494186&callCR=true%27

Kapitel 2: Die Wasser-Dekade

21 Luke Dittrich, »Matt Damon: The Celebrity Shall Save You«, *Esquire*, 15.9.2009, https://www.esquire.com/news-politics/a6286/matt-damon-1009/

22 *Drinking-Water and Sanitation, 1981–1990: A Way to Health*, Genf: Weltgesundheitsorganisation, 1981, S. 2, https://apps.who.int/iris/bitstream/handle/10665/40127/9241560681_eng.pdf?sequence=1&isAllowed=y

23 »New Decade Launched Seeks Clean Water, Proper Sanitation for All by 1990«, *UN Monthly Chronicle* 18, Nr. 1 (Januar 1981), S. 29, https://heinonline-org.stanford.idm.oclc.org/HOL/Page?collection=unl&handle=hein.unl/unchron0018&id=3&men_tab=srchresults

24 Kenan Malik, »As a System, Foreign Aid Is a Fraud and Does Nothing for Inequality«, *The Guardian*, 2.9.2018, https://www.theguardian.com/commentisfree/2018/sep/02/as-a-system-foreign-aid-is-a-fraud-and-does-nothing-for-inequality; https://www.washingtonpost.com/archive/politics/2001/01/26/aid-abroadis-businessback-home/e37a1548-fff2-4b00-861a-aab48ea0e5e5/

25 Michael Dobbs, »Aid Abroad Is Business Back Home«, *The Washington Post*, 26.1.2021, https://www.washingtonpost.com/archive/politics/2001/01/26/aid-abroadis-businessback-home/e37a1548-fff2-4b00-861a-aab48ea0e5e5

26 UNDP Water Governance Facility, Stockholm International Water Institute, »Accountability in WASH: Explaining the Concept«, UNICEF, September 2014, https://www.unicef.org/media/91311/file/Accountability-in-WASH-Explaining-the-Concept.pdf

27 John M. Kalbermatten, »The Water Decade«, *Waterlines* 9, Nr. 3 (January 1991), https://www.ircwash.org/sites/default/files/Kalbermatten-1991-Water.pdf

28 *Achievements of the International Drinking Water Sanitation Decade 1981: Report of the Economic and Social Council: Report of the Secretary-General*, New York: United Nations, 1990, S. 5, https://www.zaragoza.es/contenidos/medioambiente/onu/1004-eng.pdf

29 UNDP Water Governance Facility, »Accountability in WASH«.

30 Guy Hutton and Mili Varughese, »The Costs of Meeting the 2030 Sustainable Development Goal Targets on Drinking Water Sanitation, and Hygiene«, Water and Sanitation Program technical paper, Washington, DC:

World Bank Group, 2016, S. 7, https://openknowledge.worldbank.org/bitstream/handle/10986/23681/K8632.pdf?sequence=4&isAllowed=y
31 *Financing Water and Sanitation in Developing Countries*, OECD, 2016, https://www.oecd.org/dac/financing-sustainable-development/development-finance-topics/Financing%20water%20and%20sanitation%20in%20developing%20countries%20-%20key%20trends%20and%20figures.pdf
32 David Bornstein, »The Real Future of Clean Water«, *The New York Times*, 21.8.2013, opinionator.blogs.nytimes.com/2013/08/21/the-real-future-of-clean-water/

Kapitel 3: Die große Idee

33 Belinda Goldsmith und Meka Beresford, »War-Torn Afghanistan and Syria Ranked Second and Third in the Thomson Reuters Foundation Survey of About 550 Experts on Women's Issues«, *Thomson Reuters Foundation News*, 26.6.2018, https://news.trust.org//item/20180612134519-cxz54
34 Apoorva Jadhav, Abigail Weitzman, Emily Smith-Greenaway, »Household Sanitation Facilities and Women's Risk of Non-Partner Sexual Violence in India«, *BMC Public Health* 16, Nr. 1139 (2016), https://bmcpublichealth.biomedcentral.com/articles/10.1186/s12889-016-3797-z
35 Peter Schwartzstein, »The Merchants of Thirst«, *The New York Times*, 11.1.2020, https://www.nytimes.com/2020/01/11/business/drought-increasing-worldwide.html
36 Schwartzstein, »The Merchants of Thirst«, a. a. O.
37 Muhammad Yunus und Alan Jolis, *Banker to the Poor: Micro-Lending and the Battle Against World Poverty*, New York: Public Affairs, 2008.
38 Beth Duff-Brown, »Microcredit Bank Grows Out of a $27 Investment«, *Los Angeles Times*, 4.4.2004, https://www.latimes.com/archives/la-xpm-2004-apr-04-adfg-banker4-story.html
39 Yunus und Jolis, *Banker to the Poor*, a. a. O.
40 Muhammad Yunus, »Microcredit, Information Technology, and Poverty: The Experience of Grameen Bank«, *The Brown Journal of World Affairs* 8, Nr. 2 (2002), http://www.jstor.org/stable/24590258
41 Rohini Pande und Erica Field, »Give Women Credit«, *Ideas for India*, 24.11.2017, https://www.lse.ac.uk/about-lse/connect/assets/shorthand-files/microfinance/index.html
42 Yunus, »Microcredit, Information Technology, and Poverty«, a. a. O.

43 David Lepeska, »The Maturation of Microfinance«, *Devex*, 16.7.2008, https://www.devex.com/news/the-maturation-of-microfinance-29440

44 Lepeska, »The Maturation of Microfinance«, a. a. O.

45 Jason Burke, »Impoverished Indian Families Caught in Deadly Spiral of Microfinance Debt«, *The Guardian*, 31.1.2011, https://www.theguardian.com/world/2011/jan/31/india-microfinance-debt-struggle-suicide

46 »SKS Under Spotlight in Suicides«, *The Wall Street Journal*, 24.2.2012, https://www.wsj.com/articles/SB100014240529702039183045772426022966831344

47 Stephanie Wykstra, »Microcredit Was a Hugely Hyped Solution to Global Poverty. What Happened?«, *Vox*, 15.1.2019, https://www.vox.com/future-perfect/2019/1/15/18182167/microcredit-microfinance-poverty-grameen-bank-yunus; Soutik Biswas, »India's Micro-Finance Suicide Epidemic«, *BBC*, 16.12.2010, https://www.bbc.com/news/world-south-asia-11997571

48 »Q& A with Muhammad Yunus«, *Enterprising Ideas*, PBS, http://www.shoppbs.pbs.org/now/enterprisingideas/Muhammad-Yunus.html

49 Don Johnston und Jonathan Morduch, »The Unbanked: Evidence from Indonesia«, *The World Bank Economic Review* 22, Nr. 3 (2008): S. 520, http://www.jstor.org/stable/40282286

50 Naren Karunakaran, »How to Fix Flaws in the Present Microfinance Model«, *The Economic Times*, 12.11.2010, https://economictimes.indiatimes.com/industry/banking/finance/how-to-fix-flaws-in-the-present-microfinance-model/articleshow/6912025.cms?from=mdr

51 »BASIX-Bhartiya Samruddhi Finance Limited (BSFL): A New Generation Livelihoods Promotion Institution«, *Growing Inclusive Markets*, April 2010, http://www.growinginclusivemarkets.org/media/cases/India_BASIX_2011.pdf

52 »The Cost of Leneriza's Water, Then and Now«, *Water.org*, https://water.org/our-impact/all-stories/cost-lenerizas-water-then-and-now

53 Meera Mehta, *Assessing Microfinance for Water and Sanitation: Exploring Opportunities for Sustainable Scaling Up*, (Ahmedabad, India: Bill & Melinda Gates Foundation, 2008), S. 4, https://docs.gatesfoundation.org/documents/assessing-microfinance-wsh-2008.pdf

Kapitel 4: Das erste Date

54 Joe Conason, *Man of the World: The Further Endeavors of Bill Clinton* (New York: Simon & Schuster, 2016): S. 243–244.

55 »Press Release: President Clinton Announces Program for 2008 Clinton Global Initiative Annual Meeting«, Clinton Foundation, 15. September 2008, https://www.clintonfoundation.org/main/news-and-media/press-releases-and-statements/press-release-president-clinton-announces-program-for-2008-clinton-global-initia.html

56 »Parasitic Worms and Bono Jokes in Midtown Manhattan«, *The Economist*, 2. Oktober 2008, https://www.economist.com/news/2008/10/02/billanthropy

57 »Clinton Global Initiative Concludes with $8 Billion in Commitments«, *Philanthropy News Digest*, 30. September 2008, https://philanthropynewsdigest.org/news/clinton-global-initiative-concludes-with-8-billion-in-commitments

58 »Parasitic Worms and Bono Jokes«, *The Economist*, a. a. O.

59 Sarah Haughn, »Clinton Global Initiative Commits Millions to Water and Sanitation«, *Circle of Blue*, 6. Oktober 2008, https://www.circleofblue.org/2008/world/clinton-global-initiative-commits-millions-to-water-and-sanitation

60 »Delivering Access to Safe Water through Partnerships«, Pepsico, 2014, https://www.pepsico.com/docs/album/sustainability-report/regional-and-topic-specific-reports/pep_wp14_safe_water_2014.pdf?sfvrsn=f59ded9f_4

61 Guy Hutton und Mili Varughese, »The Costs of Meeting the 2030 Sustainable Development Goal Targets on Drinking, Water Sanitation, and Hygiene«, Water and Sanitation Program technical paper (Washington, DC: World Bank Group, 2016), S. 2, https://openknowledge.worldbank.org/bitstream/handle/10986/23681/K8632.pdf?sequence=4&isAllowed=y

62 *Financing Water and Sanitation in Developing Countries*, OECD, 2016, https://www.oecd.org/dac/financing-sustainable-development/development-finance-topics/Financing%20water%20and%20sanitation%20in%20developing%20countries%20-%20key%20trends%20and%20figures.pdf

63 Charles Fishman, *The Big Thirst* (New York: Free Press, 2012), S. 265.

64 Fishman, *The Big Thirst*, S. 266.

65 »How Much Water Is Needed in Emergencies«, Weltgesundheitsorganisation, letzte Aktualisierung: 2011, https://cdn.who.int/media/docs/default-source/wash-documents/who-tn-09-how-much-water-is-needed.pdf?sfvrsn=1e876b2a_6 ((Link funktioniert nicht)), https://handbook.spherestandards.org/en/sphere/#ch001

66 Ken Bensinger, »Masses Aren't Buying Bailout«, *Los Angeles Times*, 16. Sep-

tember 2008, https://www.latimes.com/archives/la-xpm-2008-sep-26-fi-voxpop26-story.html; Ben Rooney, »Bailout Foes Hold Day of Protests«, CNN Money25. September, 2008, https://money.cnn.com/2008/09/25/news/economy/bailout_protests/?postversion=2008092517

67 »Billanthropy Squared«, *The Economist*, 25. September 2008, https://www.economist.com/united-states/2008/09/25/billanthropy-squared

68 Reuters Staff, »›Banker to Poor‹ Has Suggestion for Bankers to Rich«, Reuters, 26. September 2008, https://www.reuters.com/article/us-financial-microfinance/banker-to-poor-has-suggestion-for-bankers-to-rich-idUSTRE48P7UK20080926

Kapitel 5: Die Anfänge von Water.org

69 Brent Schrotenboer, »Livestrong Caught in Crossfire of Scandal, Says VP«, *USA Today*, 28.2.2013, https://www.usatoday.com/story/sports/cycling/2013/02/28/lance-armstrong-livestrong-cancer-tour-de-france/1954665

70 »Livestrong Charity Looks to Rebuild Following Lance Armstrong Scandal«, *Associated Press*, 11.2.2020, https://www.espn.com/olympics/cycling/story/_/id/28680574/livestrong-charity-looks-rebuild-following-lance-armstrong-scandal

71 »Household Water Use: Haiti«, *JMP*, zuletzt aktualisiert 2020, https://washdata.org/data/household#!/table?geo0=country&geo1=HTI

72 Richard Knox, »Water in the Time of Cholera: Haiti's Most Urgent Health Problem«, *NPR*, 12.4.2021, https://www.npr.org/sections/health-shots/2012/04/13/150302830/water-in-the- time-of-cholera-haitis-most-urgent-health-problem

73 Hans Rosling, *Factfulness: Ten Reasons We're Wrong About The World – And Why Things Are Better Than You Think.* Auf Deutsch erschienen unter dem Titel: Factfulness – *Wie wir lernen, die Welt so zu sehen, wie sie wirklich ist.* Aus dem Englischen übersetzt von Hans Freundl, Hans-Peter Remmler und Albrecht Schreiber, Berlin: Ullstein, 2019, S. 15 (Seitenzahlen hier wie auch an anderer Stelle verweisen auf die Originalausgabe).

74 Rosling, *Factfulness*, S. 5–6.

75 Rosling, *Factfulness*, S. 9.

76 Max Roser (@MaxCRoser), »Newspapers could have had the headline ›Number of people in extreme poverty fell by 137,000 since yesterday‹

every day in the last 25 years«, Tweet, 16.10.2017, https://twitter.com/MaxCRoser/status/919921745464905728

Kapitel 6: Die große Idee – Klappe, die zweite

77 Kelly Dilworth, »Average Credit Card Interest Rates: Week of Aug. 4, 2021«, CreditCards.com, 4. August 2021, https://www.creditcards.com/credit-card-news/rate-report.php

78 »COVID-19 Spending Helped to Lift Foreign Aid to an All-Time High in 2020«, OECD, 13. April 2021, https://www.oecd.org/dac/financing-sustainable-development/development-finance-data/ODA-2020-detailed-summary.pdf

79 »Despite COVID-19, Global Financial Wealth Soared to Record High of $250 Trillion in 2020«, *Boston Consulting Group*, 10. Juni 2021, https://www.bcg.com/press/10june2021-despite-covid-19-global-financial wealth-soared-record-high-250-trillion-20200

80 Dan Ariely: *Predictably Irrational.* Auf Deutsch erschienen unter dem Titel: *Denken hilft zwar, nützt aber nichts.* München: Droemer, 2015, übersetzt von Gabriele Gockel und Maria Zybak, S. 76.

81 Dan Ariely, *Denken hilft zwar, nützt aber nichts*, S. 76.

82 Dan Ariely, *Denken hilft zwar, nützt aber nichts*, S. 79.

83 Dan Ariely, *Denken hilft zwar, nützt aber nichts*, S. 79.

84 OECD, »COVID-19 Spending Helped to Lift Foreign Aid to an All-Time High in 2020«; *Boston Consulting Group*, »Despite COVID-19, Global Financial Wealth Soared to Record High of $250 Trillion in 2020.«

85 Steve Schueth, »Socially Responsible Investing in the United States«, *Journal of Business Ethics* 43, no. 3 (2003): S. 189–194, http://www.jstor.org/stable/25074988; William Donovan, »The Origins of Socially Responsible Investing«, The Balance, 23. April 2020, https://www.thebalance.com/a-short-history-of-socially-responsible-investing-3025578. https://www.jstor.org/stable/25074988

86 Schueth, »Socially Responsible Investing«, S. 189–194.

87 Donovan, »The Origins of Socially Responsible Investing«, a. a. O.

88 Lena Williams, »Pressure Rises on Colleges to Withdraw South Africa Interests«, *The New York Times*, 2. February 1986, https://www.nytimes.com/1986/02/02/us/pressure-rises-on-colleges-to-withdraw-south-africa-interests.html

89 Paul Lansing, »The Divestment of United States Companies in South Africa

and Apartheid«, *Nebraska Law Review* 60, no. 2 (1981): S. 312, https://digitalcommons.unl.edu/cgi/viewcontent.cgi?article=2025&context=nlr

90 Kongress der Vereinigten Staaten, Ausschuss für Auswärtige Angelegenheiten des Hauses, Unterausschuss für internationale Wirtschaftspolitik und Handel, »The Status of United States Sanctions Against South Africa: Hearing Before the Sub-committees on International Economic Policy and Trade and on Africa of the Committee on Foreign Affairs, House of Representatives, One Hundred Second Congress, First Session, April 30, 1991, Volume 4« (Druckerei der US-Regierung, 1992), https://books.google.com/books?id=itTyqdwa8CsC&pg=PA98&lpg=PA98&dq=south+africa+divestment+campaign+%2220+billion%22&source=bl&ots=kKgQRU9pIQ&sig=ACfU3U0NLoqA15ad2xuojwtd0WeM6wx0TA&hl=en&sa=X&ved=2ahUKEwizzY-I96HyAhWgElkFHaKmAooQ6AF6BAgMEAM#v= onepage& q=south%20africa%20divestment%20campaign%20%2220%20billion%22&f=false

91 Michiel A. Keyzer und C. Wesenbeeck, »The Millennium Development Goals, How Realistic Are They?« *De Economist* 165, Nr. 3 (Februar 2007), https://www.researchgate.net/publication/24110281_The_Millennium_Development_Goals_How_Realistic_Are_They

92 Jahresbericht der *Rockefeller-Stiftung 2005* (New York: Rockefeller Foundation, April 2006), https://www.rockefellerfoundation.org/wp-content/uploads/Annual-Report-2005-1.pdf

93 *Jahresbericht 2005* (Bill & Melinda Gates Stiftung, 2006), S. 38, https://www.gatesfoundation.org/-/media/gfo/1annual-reports/2005gates-foundation-annual-report.pdf

94 Judith Rodin, *The Power of Impact Investing: Putting Markets to Work for Profit and Global Good* (Philadelphia: Wharton School Press, 2014); Veronica Vecchi, Luciano Balbo, Manuela Brusoni und Stefano Caselli (alle Herausgeber), *Principles and Practice of Impact Investing: A Catalytic Revolution* (Sheffield, UK: Greenleaf Publishing, 2016).

95 »Bellagio Center«, The Rockefeller Foundation: A Digital History, https://rockfound.rockarch.org/bellagio-center. https://www.rockefellerfoundation.org/bellagio-center/

96 Beth Richardson, »Sparking Impact Investing Through GIIRS«, *Stanford Social Innovation Review*, 24. Oktober 2012, https://ssir.org/articles/entry/sparking_impact_investing_through_giirs

97 »Thematic and Impact Investing Executive Summary«, *Principles for Re-*

sponsible Development, https://www.unpri.org/thematic-and-impact-investing/ impact-investing-market-map/3537.article
98 Dan Freed, »JP Morgan's Dimon Rolls Eyes Up at Gloom and Davos Billionaires«, Reuters, 23. Februar 2016, https://www.reuters.com/article/jpmorgan-outlook-davos/jp-morgans-dimon-rolls-eyes-up-at-gloom-and-davos-billionaires-idUSL8N16258B

Kapitel 7: Und die Welt bewegt sich doch!

99 Richard Fry, »Millennials Are the Largest Generation in the U. S. Labor Force«, *Pew Research Center*, 11.4.2018, https://www.pewresearch.org/fact-tank/2018/04/11/millennials-largest-generation-us-labor-force/
100 »3.1 Harnessing the Hype«, in: *From the Margins to the Mainstream: Assessment of the Impact Investment Sector and Opportunities to Engage Mainstream Investors*, Genf: World Economic Forum, September 2013), S. 10, http://www3.weforum.org/docs/WEF_II_FromMarginsMainstream_Report_2013.pdf
101 Abhilash Mudaliar, Hannah Dithrich, »Sizing the Impact Investing Market«, *Global Impact Investing Network*, 1.4.2019, https://thegiin.org/research/publication/impinv-market-size
102 World Economic Forum, »From the Margins to the Mainstream: Assessment of the Impact Investment Sector and Opportunities to Engage Mainstream Investors«; Mudaliar and Dithrich, »Sizing the Impact Investing Market«; Gary Shub, Brent Beardsley, Hélène Donnadieu, Kai Kramer, Monish Kumar, Andy Maguire, Philippe Morel, Tjun Tang, »Global Asset Management 2013: Capitalizing on the Recovery«, *The Boston Consulting Group*, Juli 2013, https://www.bcg.com/de-de/publications/2013/financial-institutions-global-asset-management-capitalizing-recovery; Renaud Fages, Lubasha Heredia, Joe Carrubba, Ofir Eyal, Dean Frankle, Edoardo Palmisani, Neil Pardasani, Thomas Schulte, Ben Sheridan, Qin Xu, »Global Asset Management 2019: Will These '20s Roar?«, Juli 2019, https://image-src.bcg.com/Images/BCG-Global-Asset-Management-2019-Will-These-20s-Roar-July-2019-R_tcm9-227414.pdf
103 Somini Sengupta, Weiyi Cai, »A Quarter of Humanity Faces Looming Water Crisis«, *The New York Times*, 6.8.2019, https://www.nytimes.com/interactive/2019/08/06/climate/world-water-stress.html?fallback=0&recId=1P6rWfI5kuGl6PAF5eQETnq2ONM&locked=0&geoContinent=NA&geoRegion=TX&recAlloc=top_conversion&geoCountry=US&blockId=

most-popular&imp_id=64322975&action=click&module=trending&pgtype=Article&region=Footer

104 Fiona Harvey, »Water Shortages to Be Key Environmental Challenge of the Century, Nasa Warns«, *The Guardian*, 16.5.2018, https://www.theguardian.com/environment/2018/may/16/water-shortages-to-be-key-environmental-challenge-of-the-century-nasa-warns

105 »AQUASTAT – FAO's Global Information System on Water and Agriculture«, *Food and Agriculture Organization of the United Nations*, http://www.fao.org/aquastat/en/overview/methodology/water-use

106 »AQUASTAT«, a. a. O.

107 Sumila Gulyani, Debabrata Talukdar, R. Mukami Kariuki, *Water for the Urban Poor: Water Markets, Household Demand, and Service Preferences in Kenya*,Washington, DC: The World Bank, 2005.

108 Richard Damania, Sébastien Desbureaux, Marie Hyland, Asif Islam, Scott Moore, Aude-Sophie Rodella, Jason Russ, and Esha Zaveri, *Uncharted Waters: The New Economics of Water Scarcity and Economic Variability*, Washington, D.C.: The World Bank, 2017, S. 36.

109 Henry Fountain, »Researchers Link Syrian Conflict to a Drought Made Worse by Climate Change«, *The New York Times*, 2.3.2015, https://www.nytimes.com/2015/03/03/science/earth/study-links-syria-conflict-to-drought-caused-by-climate-change.html

110 »How Could a Drought Spark a Civil War?«, *NPR*, 8.9.2013, https://www.npr.org/2013/09/08/220438728/how-could-a-drought-spark-a-civil-war

111 Joshua Hammer, »Is a Lack of Water to Blame for the Conflict in Syria?«, *Smithsonian Magazine*, Juni 2013, https://www.smithsonianmag.com/innovation/is-a-lack-of-water-to-blame-for-the-conflict-in-syria-72513729/

112 Alexandra A. Taylor, »Climate Change Will Affect Access to Fresh Water. How Will We Cope?«, *C&EN*, 10.2.2020, cen.acs.org/environment/water/Climate-change-effect-access-fresh/98/i6

113 Carl Ganter, »Water Crises Are a Top Global Risk«, *World Economic Forum*, 16.1.2015, https://www.weforum.org/agenda/2015/01/why-world-water-crises-are-a-top-global-risk/

114 »High and Dry: Climate Change, Water, and the Economy«, *The World Bank*, https://www.worldbank.org/en/topic/water/publication/high-and-dry-climate-change-water-and-the-economy

115 »About«, *Water Resistance Coalition*, https://ceowatermandate.org/resilience/about

116 Ben Paynter, »Roughly One-Third of Funders Are Comfortable Taking

Below-Market Rate Returns or Break-Even Paybacks«, *Fast Company*, 5.6.2017, https://www.fastcompany.com/40426561/the-philanthropy-world-is-embracing-impact-investing; Lori Kozlowski, »Impact Investing: The Power of Two Bottom Lines«, *Forbes*, 2.10.2012, https://www.forbes.com/sites/lorikozlowski/2012/10/02/impact-investing-the-power-of-two-bottom-lines/

117 *The Sustainability Imperative*, New York: The Nielsen Company, 2015, S. 2, https://www.nielsen.com/wp-content/uploads/sites/3/2019/04/Global20Sustainability20Report_October202015.pdf

Kapitel 8: Venture Philanthropy

118 Nilanjana Bhowmick, »Handwashing Helps Stop COVID-19. But in India, Water Is Scarce«, *National Geographic*, 7. April 2020, https://www.nationalgeographic.com/science/2020/04/hand-washing-can-combat-coronavirus-but-can-the-rural-poor-afford-frequent-rinses/

119 »Almost 2 Billion People Depend on Health Care Facilities Without Basic Water Services«, Weltgesundheitsorganisation, 14. December 2020, https://www.who.int/news/item/14-12-2020-almost-2-billion-people-depend-on-health-care-facilities-without-basic-water-services-who-unicef

120 Peter Daszak, »We Knew Disease X Was Coming. It's Here Now«, *The New York Times*, 27. Februar 2020, https://www.nytimes.com/2020/02/27/opinion/coronavirus-pandemics.html

121 Michael Dulaney, »The Next Pandemic Is Coming – and Sooner Than We Think, Thanks to Changes to the Environment«, ABC News Australia, 6. Juni 2020, https://www.abc.net.au/news/science/2020-06-07/a-matter-of-when-not-if-the-next-pandemic-is-around-the- corner/12313372

122 »Matt Struggles for Survival«, *The Philippine Star*, 5. September 2011, https://www.philstar.com/entertainment/2011/09/05/723632/matt-strugglessurvival

123 Yagazie Emezi und Danielle Paquette, »Living Through a Pandemic When Your Access to Water Is Difficult«, *The Washington Post*, 21. Mai 2020, https://www.washingtonpost.com/graphics/2020/world/nigeria-water-during-coronavirus/?itid=lk_interstitial_manual_711

124 George McGraw, »How Do You Fight the Coronavirus Without Running Water?«, *The New York Times*, 2. Mai 2020, https://www.nytimes.com/2020/05/02/opinion/coronavirus-water.html

125 »The Challenge«, United Nations Economic Commission for Europe,

https://unece.org/challenge#:~:text=Methane%20is%20a%20power ful%20greenhouses,are%20due%20to%20human%20activities
126 *Climate Change 2014: Mitigation of Climate Change* (New York: Cambridge University Press, 2014), https://www.ipcc.ch/site/assets/uploads/2018/02/ipcc_wg3_ar5_full.pdf
127 »Greenhouse Gas Emissions from a Typical Passenger Vehicle«, United States Environmental Protection Agency, 21. Juli 2021, https://www.epa.gov/greenvehicles/greenhouse-gas-emissions-typical-passenger-vehicle#:~:text=typical%20passenger%20vehicle%3F-,A% 20typical% 20 passenger% 20vehicle% 20emits% 20about% 204.6%20metric%20 tons%20of,around%2011%2C500%20miles%20per%20year
128 Mads Warming, »How Can More Water Treatment Cut CO_2 Emissions?«, International Water Association, 20. Mai 2020, https://iwa-network.org/how-can-more-water-treatment-cut-co2-emissions
129 »Sustainability at Manila Water: Protecting the Environment«, Water Manila Company, 2019, https://reports.manilawater.com/2018/sustainability-at-manila-water/protecting-the-environment
130 »How Much Electricity Does an American Home Use?«, U.S. Energy Information Administration, 9. Oktober 2020, https://www.eia.gov/tools/faqs/faq.php?id=97&t=3
131 Bill Kingdom, Roland Liemberger, and Philippe Marin, »The Challenge of Reducing Non-Revenue Water (NRW) in Developing Countries. How the Private Sector Can Help: A Look at Performance-Based Service Contracting«, *Water Supply and Sanitation Sector Board Discussion Paper Series*, Nr. 8 (Dezember 2006), 52, https://openknowledge.worldbank.org/bitstream/handle/10986/17238/394050Reducing1e0wa ter0WSS81PUBLIC1.pdf?sequence=1&isAllowed=y
132 Katrina Yu, »Why Did Bill Gates Give a Talk with a Jar of Human Poop by His Side?«, NPR, 9. November 2018, https://www.npr.org/sections/goatsandsoda/2018/11/09/666150842/why-did-bill-gates-give-a-talk-with-a-jar-of-human-poop-by-his-side
133 »Vast Energy Value in Human Waste«, United Nations University, 2. November 2015, https://unu.edu/media-relations/releases/vast-energy-value-in-human-waste.html
134 »UN World Water Development Report 2020: ›Water and Climate Change‹«, United Nations Water, 21. März 2020, https://www.unwater.org/world-water-development-report-2020-water-and-climate-change/
135 James Workman, »Why Understanding Resilience Is Key to Water Ma-

nagement«, *The Source*, 13. April 2017, https://www.thesourcemag azine. org/understanding-resilience-key-water-management/

136 OECD and netFWD, »Venture Philanthropy in Development Dynamics, Challenges and Lessons in the Search for Greater Impact«, OECD Development Centre, 2014, https://www.oecd.org/site/netfwd/Full%20Study_Venture%20Philanthropy%20in%20Development.pdf

137 »World's Billionaires Have More Wealth Than 4.6 Billion People«, Oxfam, 20. Januar 2020, https://www.oxfam.org/en/press-releases/worlds-billionaires-have-more-wealth-46-billion-people

Kapitel 9: Die Welle

138 *Slum Almanac 2015–2016: Tracking Improvement in the Lives of Slum Dwellers*, Nairobi: UN Habitat, 2016, S. 8, https://unhabitat.org/sites/default/files/documents/2019-05/slum_almanac_2015-2016_psup.pdf

139 Sarah Bean Apmann, »Tenement House Act of 1901«, *Village Preservation*, 11.4. 2016, https:// www.villagepreservation.org/2016/04/11/tenement-house-act-of-1901

140 Rose George, *The Big Necessity* (New York: Picador, 2014), S. 242.

REGISTER